ヴィゴツキーとルリヤが語る
人間心理の歴史性

フロイト、パブロフを超えたロシアにおける
新しい心理学の創造

Kimiharu Satoh
佐藤公治

福村出版

[JCOPY] 〈出版者著作権管理機構 委託出版物〉
本書の無断複写は著作権法上での例外を除き禁じられています。複写され
る場合は、そのつど事前に、出版者著作権管理機構（電話 03-5244-5088、
FAX 03-5244-5089、e-mail: info@jcopy.or.jp）の許諾を得てください。

はじめに

　ヴィゴツキーの代表的な著書は『思考と言語』(1934) であるが、その少し前に彼が書いたものに『文化的・歴史的精神発達の理論』(1930-31) がある。この理論的な書で彼が述べていることは、人間精神とその発達は文化的なものに支えられながら人間は本来的に持っていた自然的発達に代わって文化的発達を実現していくということで、そこでは人間に特有な高次な精神活動は常に社会的、そして歴史的に形成されてきた道具を仲立ちにしながら行われているということである。この文化的道具に媒介されながら人間の精神活動はあるとしたヴィゴツキーの基本命題は「社会・文化的アプローチ」という言葉で人口に膾炙されていることがある。だが、このような言い方ではもう一つの大事な視点を欠落させてしまう。『文化的・歴史的精神発達の理論』という書名にある歴史的な部分である。

　彼は人間精神とその発達を社会と文化の歴史とその発展法則に従って展開してきたものであるとした。人間精神としての活動とその発達をまさに歴史的な視点でみていこうということで、いわば歴史的存在としての人間と精神活動があると考えた。

　ここでは彼の思想の中心に位置づけられていることを「人間精神にある歴史性」と表現しておこう。もちろん、ここで言う歴史性や歴史的存在とは、単に歴史的なものに規定されているだけでなく、歴史的なものを生成していく人間とその精神活動という意味でもある。

　実はこのような発想をヴィゴツキーは、先の『文化的・歴史的精神発達の理論』のはじめの部分（第2章「心理学における歴史的研究」）では、人間の精神とその発達をみていく時に歴史的視点からみていく必要性を論じている。行動

の歴史的研究というのは、歴史的変化という運動の中で研究するということであり、彼はあらゆる事物や出来事を発達の過程としてみることでその本質を明らかにしようとした。というのは、物事は運動という変化、そしてその歴史的経過の中でそれらの本性が現れてくるからである。ヴィゴツキーはモスクワ大学の附属実験心理学研究所で彼の同僚でもあったブロンキーの発言を引用して「行動は行動の歴史として理解することが出来る」と述べている。

　本書では、ヴィゴツキーと共同研究者であったルリヤの心理学研究を人間精神とその活動、そしてその発達を歴史性という視点からみていくことを基本テーマとする。ヴィゴツキーとルリヤは共に猿から人間に至るまでの系統発生的進化、人間の文化的変遷という人類史、そして個人の発達的変化というように大きなレベルから小さなレベルまでの歴史と時間の変化とその間の連続的な過程として人間精神を論じていこうとした。

　ヴィゴツキーとルリヤにとっての最初の仕事は、フロイトとパブロフを超えて新しい心理学を創っていくことだった。これまでわが国の心理学分野では取り上げられることがなかったが、ヴィゴツキーとルリヤにはフロイト理論が賛否相反する形で影響を与えていた。フロイトの理論は無意識の中に太古からある原父殺しというエディプス・コンプレックスの作用を問題にしたが、ここでは個人の発達の問題とは関わりのない形で人間社会の中にある無意識的なコンプレックス原理が人の行動を動かしていると説明してしまった。それは人間心理を歴史的な存在としてみることはなかったという意味では非歴史的な説明である。そして、ヴィゴツキーが生きたロシアでは心理学の分野にも広まっていたパブロフの条件反射学は人間の行動を歴史と文化を介在させない形での学習論を展開していた。

　発達理論としてはヴィゴツキーと共に最もよく知られ、現在でも言及されることが多いピアジェの発達理論がある。ピアジェは幼児期の段階までは子どもが主体的に活動することを中心に説明しながら、学童期以降の論理性の発達は社会と大人の支配的な考えを疑うことなく自分の中に移入していくことで理性的になっていくとした。彼は社会と歴史の中で獲得してきた科学的認識論の

枠組みに従っていくことが論理の発達だとしたが、ここでは人間は歴史的なものにただ従っていくだけだという説明になっている。そこには自らの力で歴史を作っていくというヴィゴツキーが重視する発達の歴史性という発想はない。ヴィゴツキーは、人間は与えられた歴史的なものにただ従うだけの存在ではないとした。まさに歴史を生成していく存在としての人間と人間の精神的活動である。

　本書の中では、これまでのヴィゴツキーとルリヤの研究ではほとんどふれられることがなかったフロイトとの関係についても取り上げる。二人はフロイト理論を重視しながらもそれを乗り越える中で新しい心理学を創っていこうとした。

　ルリヤの心理学については彼のユニークな研究として知られている失語症と神経心理学の研究をみていくが、そこにはヴィゴツキーとの深い関わりがあった。

　ヴィゴツキーは人間を文化創造の主体者としてみていく発想があったが、この考えにはロシア革命を実現させたトロツキーからの思想的な影響を受けていた。ヴィゴツキーとトロツキーとの関係については、政治的な理由からヴィゴツキーの著書にはトロツキーの名前はほとんど登場しないが、ヴィゴツキーの思想を考えた時、トロツキーの存在は大きな意味を持っている。これらからは今までとは違ったヴィゴツキー像がみえてくるはずである。

　以下、本書の各章の内容を簡単にみていこう。

　第1章では、ヴィゴツキーとルリヤの心理学研究の前夜にあったこととして、フロイト理論をどう超えていこうとしたか、そこでの議論をみていく。それはまさに人間と人間心理の歴史性を論じていくことであった。

　第2章では、ヴィゴツキーが新しい心理学のための理論構築を目指して書いた「心理学の危機の歴史的意味」を取り上げる。彼はこの長大な論文では、フロイトとパブロフの研究からは人間心理にある歴史性を正しく論じていくことが出来ないと批判する。彼はここでは、人間心理の主体的活動として、新しい文化とその歴史を創り出していくことを強調している。

第3章では、ヴィゴツキーとルリヤが人間精神とその発達を歴史的・文化的な視点から論じていることを『人間行動の発達過程』でみていくが、特に彼らが重視している歴史を主体的に生成する存在としての人間に注目していく。また、この章では人間の精神の根源として具体性の世界での活動があること、それと同時に人間はそれらの限界を乗り越えて文化的発達を実現していることをみていく。

　第4章は、ヴィゴツキーとルリヤによる中央アジアのウズベキスタンに暮らす人たちの認識を現地に入って調べたフィールド研究である。この研究ではヴィゴツキーとルリヤは人間の認識活動に歴史・文化的なものが作用していることを理論と実証の両面から議論している。この研究はルリヤを通してコールの文化心理学へとつながっていった。

　第5章は、ヴィゴツキーのピアジェ批判で、ピアジェは幼児期までの自生的発達と学童期以降の社会の強制に従った発達という矛盾する説明原理を使っているとヴィゴツキーは批判する。ヴィゴツキーは、真の人間の主体的な発達生成論を目指していくべきだと言う。それは人間の精神活動と歴史・文化とが共進化しながら進んでいくという意味では個人レベルでの小さな歴史生成であり、実際の発達の過程の姿である。

　第6章は、ルリヤの言語研究であるが、彼はヴィゴツキーの言語研究に影響を受けながらも独自の研究として言葉の機能の喪失と回復という個人の言語活動にみる歴史性を研究として位置づけている。

　最後の補章では、ヴィゴツキーとルリヤの心理学研究の出発点にあったフロイトの精神分析論が1960年代以降、ソビエト・ロシアではどのように論じられ、また新しい形で展開してきたかをみていく。ここでは、主にヴィゴツキー派の精神病理学者であり、精神科医でもあったバッシンの研究と、ロシア周辺国であるグルジア（現在のジョージア）におけるウズナーゼの無意識研究を取り上げる。

目次 ─────────────────────────────────────

はじめに …………………………………………………………………………… 3

第1章
フロイトを読むヴィゴツキーとルリヤ ………………………………… 11
　──二人の心理学研究前夜──

　1．ロシアにおけるフロイト精神分析学の受容とその広がり　12
　2．ヴィゴツキーとルリヤの精神分析に対する姿勢　20
　3．ヴィゴツキーとルリヤのフロイト『快原理の彼岸』への序文　26
　4．ロシアにおける精神分析研究の凋落　30

第2章
新しい心理学の出発 ……………………………………………………… 41
　──ヴィゴツキーの「心理学の危機の歴史的意味」──

　1．一般科学の構築を目指して　42
　2．フロイト精神分析に代表される「過剰な一般化」の問題　43
　3．ヴィゴツキーのロシア・精神分析とパブロフ条件反射学への批判　48
　4．ヴィゴツキーが目指す心理学：実践とその歴史・文化の創造　57

第3章
ヴィゴツキー・ルリヤの歴史的存在としての人間精神 ………… 69

　1．ヴィゴツキーの歴史主義心理学　69
　2．人間の心理世界にある水平的次元と垂直的次元、その往還　71

7

3．ヴィゴツキーとルリヤ『人間行動の発達過程』にみる人間の自然　80

　4．アルセーニエフが語る自然人・デルス・ウザーラの心的世界　91

　5．具体の世界から抽象の世界へ、そして抽象に豊かさを与える具体　95

第4章

ルリヤとヴィゴツキー『認識の史的発達』のメッセージ　………　99

　1．ルリヤとヴィゴツキーのウズベキスタンにおけるフィールド研究：
　　　人間心理の歴史性　99

　2．文化的発達論の拡張　104

　3．歴史的存在としての文化的道具と新しい意味づけ　113

第5章

『思考と言語』にみるヴィゴツキーのピアジェ発達論批判　……　121

　1．ピアジェ「自生的発達論」へのヴィゴツキーの批判　122

　2．本来の主体的発達論を目指して：
　　　『思考と言語』第6章にみるヴィゴツキー発達論　134

　3．発達と教授の間の相互連関　139

第6章

ヴィゴツキー理論の継承　………………………………………………　145
　──ルリヤの研究にある人間心理の歴史性──

　1．ルリヤの個性記述的研究へのこだわりとその背景にあるもの　146

　2．ルリヤの個性記述の発想による二つの研究　150

　3．ルリヤの失語症研究と神経心理学　156

　4．ルリヤ、人間精神の機能的連関と「体系的力動的局在論」　169

　5．本章のまとめとして、ルリヤの神経心理学研究とヴィゴツキー
　　　理論の継承　176

補 章
ソビエト・ロシアのフロイト精神分析研究のその後 ……………… 179

　1．ソビエト・ロシアにおける無意識についての新しい研究　180
　2．ウズナーゼの「構え」と無意識の研究　182
　3．もう一人のヴィゴツキー・ルリヤ派：
　　　バッシンの意識・無意識研究と主体の行為制御論　187

おわりに ………………………………………………………………… 199

文　献　204
索　引　214

第1章

フロイトを読むヴィゴツキーとルリヤ
―二人の心理学研究前夜―

　ヴィゴツキーとルリヤの心理学研究の出発点にあったのはロシアで広まっていたフロイトの精神分析学であった。この章では、ヴィゴツキーとルリヤがフロイト理論に対してどのような姿勢を取ったのかをみていく。

　ロシアの心理学ではパブロフ（Pavlov, I.P.）の条件反射学とその研究を人間に当てはめて学習と人間精神を論じたベヒテレフ精神反射学が広く行われていた。そこでは客観的な行動の分析によって科学的な心理学研究を目指そうとしていた。他方で、ドイツで行われていた哲学や心理学の研究がロシアの地には多数入っていて、ヴントの心理学や、ゲシュタルト心理学、シュテルンの発達研究などは一部の研究者の間では広まっていた。あるいは、フッサール現象学やディルタイの解釈学なども知られていた。ロシアではウィリアム・ジェイムズなどの心理学やスペンサー、ブレンターノ、ヘルムホルツといった人間の行動に関わる哲学的考察にも関心が向けられていた。そしてオーストリアを拠点にしていたフロイトの精神分析学も同じように比較早い時期にロシアには入っていた。

　このように、研究手法が異なるいくつかの研究が混在する中でフロイトの精神分析学は心理学研究として大きな関心を呼ぶものだった。ヴィゴツキーとルリヤもフロイト学説に対して心理学研究としての可能性を求め、関わりを持っていた。ちなみにフェール（van der Veer, R.）とヴァルシナー（Valsiner, J.）の『ヴィゴツキーを理解する（*Understanding Vygotsky*）』（1991）の第5章「精神分析の役割」ではヴィゴツキーとルリヤの二人がフロイト理論に関わっていたことを取り上げているが、それも彼らの心理学研究の出発点にはフロイト研究へ

11

の取り組みがあったからであると述べている。

　本章ではまず、ロシアではフロイトの精神分析学が精神医学だけでなく、心理学や哲学、教育学の世界でも広く議論され、肯定的に受け入れられていたことをみていく。このような動きの中で、ヴィゴツキーとルリヤ、特にルリヤは積極的にフロイトの精神分析学に関わり、フロイト研究の普及に積極的な役割を担っていた。

　だが、ロシアの精神分析運動はロシア革命からしばらく経った1925年以降は西欧の堕落思想であるといった批判を受けて急速にその勢いを失い、最終的には禁止されることになった。こういった変化の中で、精神分析の生き残りをかけようとする動きもあった。マルクス主義やパブロフ学説と結びつけて、社会主義政権に受け入れられるような「衣装」を着せようとする試みである。

　このようなフロイトを巡ってロシアで起きた大きな変動の中でヴィゴツキーとルリヤはどのような動きをしたのだろうか。

1. ロシアにおけるフロイト精神分析学の受容とその広がり

　ここでは、はじめにヴィゴツキーとルリヤがフロイトの理論に関心を持った背景にあるロシアにおけるフロイト精神分析学についてみていこう。

（1）ロシアのフロイト精神分析への関心

　ミラー（Miller, M.A.）は『フロイトとボルシェヴィキ：帝政ロシアとソビエト連邦における精神分析（*Freud and the Bolsheviks: psychoanalysis in imperial Russia and the Soviet Union*)』(1998) で、ロシアの地でフロイトの精神分析がどのように広がり、最盛期を迎え、そして最後はその終焉を迎えていったのか、その様子を語っている。第2章「ロシア精神分析のはじまり」では、帝政ロシア時代には無意識の問題は宗教や哲学として議論されていたが、そこではまだ

第1章　フロイトを読むヴィゴツキーとルリヤ―二人の心理学研究前夜―

精神医学や臨床の視点から扱われることはなかったと言う。

　そして、1900年のはじめに精神科医のオルシャンスキー（Orshanskii, I.G.）が精神分析で扱われていることと類似した内容を議論するようになり、精神医学の分野でも精神分析の研究が取り上げられるようになる。オルシャンスキーはフロイトの自己や人格の問題を独自の考えで論じたり、患者が抱える心の問題について考察していた。彼が「精神エネルギー」と呼んでいたものもフロイトの「リビドーのエネルギー」による説明と類似したものであった。オルシャンスキーはまた幼児期の否定的な体験が後の心的外傷を生んでいることを問題にしてもいた。

　あるいはロシアではフロイトの『夢解釈』や『日常生活の精神病理学にむけて』が取り上げられるようになり、フロイトの精神分析の研究が本格的に始まっている。フロイトが1900年に出した『夢解釈』も1903年には早くもロシア語に翻訳されている。ちなみにヴィゴツキーも学生時代正式に在籍していたモスクワ大学とは別のもう一つの大学であるシャニャフスキー人民大学で学んでいた時に指導教員のシペート（Shpet, G.G.）を通して1901年に出た『日常生活の精神病理学にむけて』を読んでいた。

　ロシアでフロイトの精神分析に本格的に取り組んでいくきっかけを作ったのはオシポフ（Osipov, N.）である。彼はスイスやドイツで医学を学び、1904年からはロシアに戻ってモスクワ大学の附属精神病院で神経症などの治療と研究を行っている。そして、ウィーンのフロイトのもとを数回訪ね、フロイトとの交流を続けている。1909年から彼はヴルフ（Wulff, M.B.）と共にフロイトの著作のロシア語版を出版したり、翌年の1910年にはロシアの精神医学関係の雑誌『精神療法（Psikhoterapiia)』を刊行している。さらに、1911年にモスクワ大学に研究サークル「小さな金曜日会（Little Friday Group)」を作り、精神分析についての読書会や検討会を広く行っている。オシポフの活動はロシアにおける精神分析運動の始まりに大きな役割を果たしている[1]。

　ヴルフはオデッサ（現在のオデーサ）出身の精神科医で、ベルリンで精神分析の訓練を受けた後、1911年にはオデッサに戻り、オシポフと協力しながらフ

13

ロイトの著作の翻訳と紹介を行っている。ヴルフの存在については、フロイトが「精神分析運動の歴史のために」（1914）の中で、ロシアの精神分析は専門としてはまだ理解が足りないし、精神分析の訓練を受けた医師もわずかしかいないが、精神分析に詳しい人の一人にヴルフがいることをあげている[2]。

　ヴルフと同じオデッサ出身で精神科医のドロズネス（Drosnes, L.）は1911年にフロイトの活動拠点であるウィーンの精神分析協会のメンバーになり、分析家の教育訓練を受けている。その後はロシアに戻って、オシポフらと一緒に活動をしている。1911年にはロシア精神分析協会が作られたことをドロズネスはフロイトに伝えている。

　オシポフたちの精神分析研究を支えていたのはモスクワ大学の附属精神病院で、その院長であったエルマコフ（Ermakov, I.）もロシア精神分析協会の設立に関わっていた。彼は1920年にはモスクワ国立精神神経学研究所の所長と教授になり、同時にこの研究所の精神分析児童ホーム・実験室の所長も務めていた。この「児童ホーム」は就学前の健康な子どもたちについて精神分析の研究を行う目的で作られたもので、ここでの活動にはこの後ふれるシュピールラインが積極的に関わっていた。エルマコフは1925年に精神神経学研究所が閉鎖された後も精神分析の発展に力を尽くし、1930年にはフロイトが1927年に書いた『ある錯覚の未来』のロシア語版を出している。1933年以降、ロシアでは精神分析学は禁止されてしまったが、彼は精神分析の研究から足を洗わなかったためにその罪で1941年には逮捕され、翌年獄死している。

（2）ロシアの精神分析研究における二人の女性研究者

　ロシアの精神分析の研究の中で二人の女性の精神分析医の活躍とその悲劇的結末についてふれておきたい。ローゼンタール（Rosenthal, T.）とシュピールライン（Spielrein, S.）である。

　タチャーナ・ローゼンタールはユダヤ人労働者同盟（ブント）で政治活動に積極的に関わり、1905年のロシア第一次革命（「血の日曜日事件」）の時には革

14

第1章　フロイトを読むヴィゴツキーとルリヤ──二人の心理学研究前夜──

命運動に参加している。彼女はチューリヒ大学の医学部で精神分析学を学び、1909年に博士号を取得し、ウィーンの精神分析協会の正式メンバーになっている。彼女は1911年にペテルブルク（今日のサンクトペテルブルク）に戻り、精神分析家として個人クリニックを開業する。革命後の1919年にペテルブルクに脳・精神機能研究所が設立されるとここで精神神経疾患患者のための治療と精神分析についての講義などを積極的に行っている。彼女はこの施設では精神的に発育が遅れている子どもたちの教育指導にも関わっていた。このように、精神分析についての専門的な訓練を受けた女性の精神分析家として精神分析を広める運動に大きな役割を果たしたが、1921年に36歳の若さで自らの命を絶っている。

　もう一人の女性の精神分析家はザビーナ・シュピールラインである。彼女は子どもの頃から神経症症状や強いヒステリー反応を示していたため、1905年、20歳の時にチューリヒのブルクヘルツリ精神病院で治療を受けている。この時の主治医がユングで、治療の効果もあって精神症状が改善していった。この治療を受けている中で二人は次第に患者−治療者の枠を超えた恋愛感情を抱くようになった。彼女はチューリヒ大学医学部で精神医学を学んでいるが、その間もユングの治療を受けている。

　彼女はブロイラー教授の下で博士号を取得する（「ある統合失調症（早発性痴呆）の症例の心理学的内容について」）が、この論文の作成にはユングがかなり関わっていた。ユングはこの時は既婚者で、治療者が患者と恋愛関係になることは原則禁止されており、そのためにユングはブルクヘルツリ精神病院を退職する結果になった。

　シュピールラインはユングとフロイトの二人の研究にも間接的ながら影響を与えていた。ユングの「アニマ・アニムス」の概念は男性の心の中にある女性の存在、および女性の心の中にある男性の存在を指摘したものだが、この考えはユングがシュピールラインとの関係の中で互いに相手の心の内を読む経験から触発されたものである。あるいはフロイトが1920年に出した『快原理の彼岸』にある「死の衝動」の概念と似た考えを、シュピールラインはそれよりも

15

前の1912年に『精神分析学・精神病理学研究年報』に書いた論文「生成の原因としての破壊」で「破壊への衝動」として述べており、それはフロイトに少なからず影響を与えたものとされている。ちなみに、フロイトは『快原理の彼岸』（1920）の注でもシュピールラインが性欲動のサディズム的成分を「破壊的」なものとして言い表したり、リビドー概念を「死への衝動」という生物学的概念と類似した発想を取っていたことを指摘している（邦訳p.113）。これらはフロイトが『快原理の彼岸』で述べる前のことである。

（3）シュピールラインとピアジェとの意外な関係

　シュピールラインはフロイトとユングという精神分析学の二大巨人との関わりだけでなく、発達研究の二大巨人であるピアジェとヴィゴツキーにも間接的な形だが影響を与えていた。

　シュピールラインはジュネーブでピアジェに教育分析を8か月間行っている。彼女が35歳の頃、ピアジェは24歳の頃であったが、ピアジェはフロイトの精神分析理論とその実践に強い関心を示して、1920年にはスイス精神分析協会にも加入している。ちなみに、教育分析は簡単に言うと、心理カウンセラー自身が自分の心理状態を見つめ直し、成長していくためにスーパーバイザーからの教育を受けるものである。ピアジェはこの経験は自分の内面にあるものを知る機会にもなったと述べている（ブランキエ『ピアジェ晩年に語る』[1985]の中の「ピアジェとブランキエとの対話」邦訳p.176）が、ピアジェは早々とシュピールラインによる教育分析を自から打ち切っている。

　ピアジェは彼の初期の著書である『児童の言語と思考』（1923）では、言語発達は周りの人を含む対象への行為的関わりを通して起きていることをシュピールラインの論文を参考に論じていた。シュピールラインの「パパとママという幼児語の成立：言語発達における様々な段階に関するいくつかの考察」という1922年の国際精神分析協会の機関誌『イマーゴ』第8号の論文である（リッヒェベッヒャー『ザビーナ・シュピールラインの悲劇：フロイトとユング、スター

リンとヒトラーのはざまで』［2005］第19章の注、邦訳p.48による）。この中でシュ
ピールラインは乳児が出す音の働きとして三つの段階を指摘している。おっぱ
いを欲しい時に「メーメー（mömö）」という音で母親を呼ぶ（「ママ」声の原初）
段階。次の段階は、声を出すことで母親からおっぱいをもらうことから得る満
足感と同じものを自分の中に感じるようになる段階（「魔術的段階」）。最後は、
母親を自分の方に呼び寄せる「誘い込み」というコミュニケーションの原初の
手段として声を使い始める段階。この三つである。

　ピアジェは彼女の考えを使って、発達初期の乳児の言語は命令や願望の手段
としてあるが、そこにはまだ概念の機能はないとしている。その後、幼児は子
どもの願望や目的をベースにして自己中心的言語と自己中心的思考へと進んで
いくというピアジェの幼児期の有名な考え方になっていく。シュピールライン
の研究はピアジェの発達理論の中で感覚運動期の対象に対する直接的行為から
表象的思考、そして自己中心的思考と言語による主体の認識活動へと進むとい
う発達の基本図式のアイデアに間接的ながら影響を与えていた[3]。

　シュピールラインは1923年に「子どもの思考と失語症患者の思考、および、
潜在意識における思考にみられる類似点」（『心理学論叢』［フランス語版］第18巻）
を書いているが、失語症患者が言語発達の前の状態に戻ってしまうこと、発達
初期の幼児は親や周りの大人との身体的関わりによってコミュニケーションの原
初を形成していくこと、それが次の言語的活動へとつながっていくことを指
摘している（リッヒェベッヒャー『ザビーナ・シュピールラインの悲劇』第21章、邦
訳p.298による）。幼児が示した言語獲得の過程を失語症の患者は以前の状態へ
と逆戻りしているということである。例えば、失語症患者は概念による言語使
用の状態が前の段階に戻って、鉛筆という名前が言えなくなったり、健忘失語
の場合は紙に字を書くものといった言い方で説明をしてしまう。ルリヤの研究
に出てくる一人の患者が意味失語になった場合にも同じことがみられる。シュ
ピールラインがここで失語症患者としてどのような種類のものを想定していた
のかは不明だが、幼児の言語獲得の過程と失語症による言語の後退現象とが類
似していることはヤコブソン、ヴィゴツキー、そしてルリヤも述べており、そ

こで想定しているのは言語、あるいは人間精神を「層理論」で捉える考えである。シュピールラインは「層理論」といった言い方をしてはいないが、ヴィゴツキーやヤコブソンの考えの先取りのような議論をしている。なお、ヴィゴツキーの「層理論」は後の章で詳しくみていく。

　シュピールラインはジュネーブやチューリヒ、ベルリンで研究活動を行っていたが、1923年にはロシアに戻り、モスクワのロシア精神分析協会と国立精神神経学研究所で精神分析の専門家として重要な役割を担っていった。その後、国立精神神経学研究所が廃止されてからは自分の故郷のロシア南部・ロフトフに移っている。その地で彼女がユダヤ人の出自であることからロシアに進攻してきたドイツ軍によって二人の娘と共に銃殺されている[4]。

（4）シュピールラインとヴィゴツキー

　シュピールラインの研究がヴィゴツキーに間接的な影響を与えていたことはヴィゴツキーの『文化的・歴史的精神発達の理論』(1930-31) からも分かる。この著書は彼の人間発達についての基本的考えを述べたもので、幼児が発達初期の言語の前駆的機能である「指さし」を母親との関係の中で学習していく過程を説明したものである。シュピールラインは先にみた1922年の論文や1923年の「子どもの思考と失語症患者の思考、および、潜在意識における思考にみられる類似点」でも、乳児は親との身体的な関わりを通して次の段階になると声や注視、身体動作を使って母親に意図を伝えていくというコミュニケーションの原初の活動を始めるようになることを指摘している。

　ヴィゴツキーが述べていることをもう少し具体的に言うと次のようなことである。子どもは自分が欲しい物に手を伸ばそうとするが手が届かず、うまくいかない。これを見ていた母親は指さしをして「欲しい物はこれなのかい？」と言って動作で特定の物を指示する。この指示という動作で意味づけてみせることで状況は変わる。子どもは「指さし」で自分の欲しいものを相手に伝えることが出来るようになり、「指さし」の機能的意味を自分のものにしていく。

第1章　フロイトを読むヴィゴツキーとルリヤ─二人の心理学研究前夜─

「指さし」は次の言語行動を準備する「前言語的行動」である。ヴィゴツキーの言う文化的発達であり、それは他者との協同の活動がはじめにあって、それが次には自己の発達を実現していく。人間の発達の本質にあるものとして彼は次のように端的に述べている。「人格は、他人に対して現れるところのものを通して、自分にとってそれが自分のなかにあるものとなる。それは人格形成の過程でもある」（『文化的・歴史的精神発達の理論』邦訳p.181）。

　ヴィゴツキーが「指さし」の機能的意味を獲得していくことを母子の間で展開される身体的コミュニケーションの活動で説明しているのとほぼ同じことをシュピールラインは述べていた。シュピールラインとヴィゴツキーとは直接会う機会はなく、ヴィゴツキーがモスクワに来た時にはシュピールラインは既に自分の故郷のロフトフに移り住んでいたが、エトキント（Etkind, A.）（1995）によればヴィゴツキーがシュピールラインの講義や研究会の報告に通信教育を通して接することが出来たと指摘している。そしてエトキントは、ヴィゴツキーのアプローチはシュピールラインの考えを継承しており、自らをマルクス主義的であると自己規定しながらも彼のイデーはマルクス主義者よりもはるかにシュピールラインのような精神分析学者の考えに近かったとも指摘している（邦訳p.235）。

　革命前の帝政ロシアの時代や革命直後の時期では、ロシアでは精神分析の考えを肯定的に受け入れていた。革命政権でも、精神疾患の患者の治療だけでなく、革命後の社会にふさわしい人間の育成を推進する方法として精神分析を政治的な目的でも利用し、その利用価値を位置づけていた。方法という点では精神分析とパブロフ条件反射学とは科学的に一致するという発想も広く取られていた。革命後の1922〜24年頃には精神分析とマルクス主義との融合についての理論的検討も行われていた[5]。

　以上、ロシアの精神分析運動の開始と発展の時期についてみてきたが、ここで分かることは精神分析を進めてきたかなりの人物は留学などでドイツ、オーストリア、スイスで精神分析学を直接学んだり、フロイト、ユング、アドラーと交流する経験を持ってロシアの地で精神分析の考えを広め、定着させようとした人たちであったことである。彼らの西欧での経験に対し、精神分析に批判

的な人たちからすると革命で西欧のブルジョワ思想を克服しようとしていた時
に逆に西欧の思想を持ち込んでいるといった反発を感じたのかもしれない。

2．ヴィゴツキーとルリヤの精神分析に対する姿勢

　ここでは、ヴィゴツキーとルリヤがロシアで広がりをみせていたフロイトの
精神分析学にどのような関わりをしていたのかをみていこう。

（1）ルリヤの精神分析学への積極的な関わり

　はじめに、ルリヤについて取り上げる。ルリヤはカザン出身で現地のカザ
ン大学に1918年に入学し、1921年にはこの大学の社会科学部を卒業している。
彼は大学入学前のギムナジウムをロシア革命による混乱のために2年で飛び級
をして大学に入学し、19歳で卒業している。学生時代や卒業後しばらく、マ
ルクス（Marx, K.）や社会科学について問題関心を持つと同時に、人間の意識
の問題としてフロイトの精神分析学にも強く惹かれていた。
　ルリヤは学生時代から自分の出身地のカザンの精神分析協会の事務局長を務
めるなどロシアの精神分析運動に深く関わっていた。ロシアの精神分析の研
究機関としてはカザンとモスクワの2か所にロシア精神分析協会があったが、
1924年にはカザンの精神分析協会はモスクワのそれと一緒になり、ルリヤは
この一つになったロシア精神分析協会の事務局長も務めた。
　ルリヤは「一元論的心理学の体系としての精神分析（Psychoanalysis as a
system of monistic psychology）」（1925）を研究員として所属していたモスクワ大
学附属実験心理学研究所の所長・コルニーロフ（Kornilov, K.N.）が編集した『心
理学とマルクス主義』に書いている。この論文は精神分析とマルクス主義とは
方法論としても一致するもので、一元論的心理学として両者を統合することが
可能だというものである。彼は早い時期から、フロイトの理論には無意識の活

第1章　フロイトを読むヴィゴツキーとルリヤ―二人の心理学研究前夜―

動から意識へとつながる心の全体的な把握を目指そうとする一元論的な心理体系や科学的分析の発想があること、それと同じくマルクス主義も唯物論的な過程によるシステム的一元論を取っていることを指摘していた。彼は人間精神を脳の活動からみる唯物論的心理学を目指そうともしていた。

　このようなルリヤの考えに対して、ヴィゴツキーはこの後、両者は説明対象や説明原理が違っており、方法論の共通性だけをみて人間についての基本的な説明原理としての共通性を語ることには無理があると批判している。ルリヤは精神分析が人間を全体的にみていくことを可能にしたと考えたが、ヴィゴツキーはこれに対しても機械的に方法論として一緒にしたり、何でもマルクス主義と同じとすることは出来ないと指摘している（「心理学の危機の歴史的意味」[1927]、邦訳pp.142-143）。

　ルリヤの話に戻ると、彼が先の論文を書いたもう一つの意図は、革命後のロシアでは前提としてあったマルクス主義を背景にしながらフロイトの精神分析学を広め定着させていこうというものであった。この論文のロシア語の原本では120の注が専門家向けに付けられ、その後マイケル・コール（Cole, M.）の編集による英語版の『ルリヤ著作集』に収められたものでは注は62に減ってはいるが、それでも40ページ近い長文である。

　その内容をみていこう。ルリヤはこの論文のはじめの部分で、マルクス主義の基本的な考えは唯物論的な過程によるシステム的一元論であり、そこでは二元論や非唯物論的な見方や変化のない静的な発想は取らないとした。これまでの心理学では、心身二元論や主観的あるいは素朴な経験論があった。感情や意志、情念を動きのない静的なものとして扱ってしまっていた。これまでの心理学の欠陥は、人間の精神を大きな構造と機能的な枠組みの中で過程として起きているとはみなかったことである。そうではなくて、人間精神の活動に外の環境と関わり続けていくような動的な接近を取ることで、これによって社会的な状況の中にある人間の全体を理解していくことが可能になってくる。

　ルリヤは人間を全体的な視点からみていくことに精神分析の研究が貢献していけると考えた。ルリヤは精神分析が、古い心理学が取った心をモザイク状の

21

寄せ集めのように考える要素主義や観念論的心理学とは違って、心を無意識における性欲を視点に置きながら全体的に把握する一元論的な心理体系を可能にしたと評価する。精神分析が実際に貢献しているのは個人の行動を規定している動機の力であり、人が理念的な体系を創り出していくのに与えている関心を明らかにしている点である。このように、ルリヤにとっては、精神分析学は人間を全体的にみていくことを可能にするものであった。無意識の活動は心的なエネルギーの過程であり、それは身体的過程と本質的には違っていない。ルリヤにとって心的エネルギーは身体におけるエネルギーと類似したもので、フロイトの理論は人間の性格全体や個人の心的なものの動機の力についての弁証法的唯物論による接近を提供するものとみた。

(2) ヴィゴツキーの精神分析に向ける姿勢

ここで、ヴィゴツキーの精神分析学との関わりについてみていこう。ルリヤは国際精神分析協会の正式な機関誌・*Internationale Zeitschrift für Psychoanalyse* の第8号から第13号（1922-27）に、カザンとモスクワで開催されたロシア精神分析協会の活動としてルリヤが関わった活動について報告を載せている（国分・牛山, 2006）。この記録によると、ルリヤが15回研究の報告を行っており、またヴィゴツキーはモスクワの精神分析協会で2回研究報告を行っている。国分と牛山の2007年の別の論文では、ルリヤとヴィゴツキー以外の他の協会メンバーの研究テーマと講演者名毎の報告数が記載されている。ここからロシアの精神分析協会の活動の様子を概略的に把握することが出来る。

ヴィゴツキーの2回の研究報告はルリヤの要請によるものと思われるが、その内容はいずれも芸術と精神分析に関するものである。「精神分析的方法の文学に対する応用」（1924）と「フロイトにおける芸術の心理学」（1927）の二つで、ヴィゴツキーはフロイト理論から人間精神の底にあるエネルギーの昇華として芸術と文化創造をみていた。彼はこの研究報告をしている同じ時期に書い

た「心理学の危機の歴史的意味」(1927) でも「教会とドストエフスキーの作品」という言葉でフロイトはドストエフスキーの作品創造を作者の心的問題（神経症的なヒステリー）としてみていたと論じている。

　ロシアの精神分析運動のもう一つの側面には、精神分析の考えをもとにして文学や芸術の問題を論じていこうという動きがあった。あるいは、ヴィゴツキーはトロツキーに対して思想的に強い共感を持っていたが、トロツキーも物質主義的な唯物論だけでは説明していくことが出来ない人間の精神世界やその活動をフロイトの精神分析に求めていた。ここでもフロイトに対してヴィゴツキーとトロツキーとは共通の関心を持っていた。後でも取り上げるが、トロツキーは『文学と革命』(第1版：1923、第2版：1924) でロシアにおける芸術や文化の新しい創造的活動を展開していくことを強調している。この本は広く読まれたもので、当然、ヴィゴツキーも読んでいたことが予想される。このように、ヴィゴツキーはルリヤとは違った問題意識からフロイト精神分析理論に可能性を抱いていた。

　この二つの研究報告の前後の時期にヴィゴツキーが書いたものに「行動の心理学の問題としての意識」(1925) がある。これはフロイト学説の可能性とその課題を主に意識の心理学的研究のための方法という視点から論じたものである。フロイト理論でも重視している無意識と意識の問題をフロイトとは別の観点から論じたものである。ヴィゴツキーは論文の冒頭で、ロシアでは心理学研究として意識の問題を遠ざけてきたが、これでは真の科学的心理学を創り出すことは出来ないと指摘している。これまで意識の問題を無視してきたのはパブロフの条件反射学、特にベヒテレフが条件反射によって人間心理を説明する「精神反射学」のためである。そこでは、行動を反射の総計としたり、感覚、言語、身ぶり、表情など人間心理に関わるあらゆるものを反射とすることが行われてきたと言い、ヴィゴツキーはこれに強く反論する。意識の問題を無視することは人間の行動についてのより複雑な問題を研究していく道を閉ざしてしまうことになる。意識抜きの心理学を創り上げようとすることは、心の内面の動き、内言、体性反応といった直接外には表れず、肉眼で観察することが

出来ない反応を研究する方法を失わせしまう。ヴィゴツキーはこのように批判
する。

　科学的心理学のためには意識を客観的に研究しなければならない。意識は意
識的、あるいは無意識的な反応の連結、相互作用の中で生じてくるもので、こ
の「心的体験（ペレジヴァーニエ）」は反応の「多重の屈折（multiple refraction）」
というものである。意識は様々な「反射系」の相互作用である相互影響、相
互刺激であり、意識は常にこだま（echo）であり、応答装置というものである
（英語版 p.72）。彼はこの論文では「反射系（systems of reflexes）」という言葉を
使っているが、内容からすると「行動反応系」という意味である。ここから分
かるように、ヴィゴツキーは意識を様々な行為と反応の間の相互作用とそれら
の二次的反応の過程から生じるという意味で、一元論的なものとして捉えてい
る。

　ヴィゴツキーはこの論文では、精神分析の研究にとって重要な問題である意
識を通して精神分析に唯物論の視点を加えていくための視点を出していると言
う。これと似たような発想はルリヤが「一元論的心理学の体系としての精神分
析」で述べていたが、ヴィゴツキーはこのことをより具体的に論じている。

　これまではヴィゴツキーのこの論文がこういった枠組みで読まれることはな
く、意識の問題として単独に扱われてきた。だが、この論文をロシア精神分析
運動の流れの中で出されたものであったとして読むと、ヴィゴツキーがこの論
文に込めていた真意がよく分かってくる。ヴィゴツキーはこの論文で、フロイ
トの中にある内観と主観を重視する考えを位置づけながらもそれを超える形で
新たな心理学を創り上げていこうとした。

（3）フロイト精神分析がロシアの文化・芸術に与えたもの

　前のところで、ヴィゴツキーがモスクワ精神分析協会で精神分析と芸術につ
いての研究報告を行っていたことにふれた。ロシアでは精神分析の考えをもと
にして文学や芸術を論じる流れがあったことを概観しておこう。

第1章　フロイトを読むヴィゴツキーとルリヤ―二人の心理学研究前夜―

　そもそもロシアでは伝統的に、学校教育の中ではロシアの文豪たちの作品に接していくことを大切にしている。このような文学教育重視の伝統が背景にあって、文学作品を精神分析の視点から論じていくことは昔から普通に行われていた。ヴィゴツキーがフロイトに対して文学と芸術の観点から関心を持ったことにもこのようなことが背景にあった。

　フロイトの仕事を振り返ってみても彼にはいくつかの文化・芸術論がある。「レオナルド・ダ・ヴィンチ論」、「ミケランジェロのモーセ像」、そして「ドストエフスキーと父親殺し」である。フロイトは彼らの芸術創造を自らの基本テーゼである「エディプス論」と「ナルシシズム」から論じていた。

　ロシアの精神分析家で文学を論じていた人は何人かいるが、はじめにみるのは第1節でも取り上げたローゼンタールである。彼女は精神分析の立場から文学作品を論じることにも熱心だった。彼女は1911年にロシアの精神医学関係の雑誌『精神療法』にデンマークの女性作家・ノミハエリスの作品を分析したり、1919年には「ドストエフスキーの苦悩と創造」を書いている。彼女は精神分析によって文学作品の創作の心理的な部分を明らかにすることが出来、作家の無意識の中にあるものが作品の由来になっていると言う。このような解釈は決して彼女独自のものでなく、フロイトも「ドストエフスキーと父親殺し」で論じている。フロイトはドストエフスキーの『罪と罰』で、主人公のラスコーリニコフが何度も癲癇発作を起こしたという記述は神経症的なヒステリー反応であったと分析し、『カラマーゾフの兄弟』についてもドストエフスキー自身にある父親殺しの欲望や、何度も賭博にのめり込み、一文無しになっても同じことを繰り返すといった行動にみられる破壊欲動というマゾヒスト的なものがあったと説明している。

　モスクワの精神分析研究所の創設に関わったエルマコフもプーシキンやゴーゴリの作品創造を精神分析から説明する論文を1923年と24年に出している。エルマコフのドストエフスキー論でもドストエフスキー自身の中にエディプス・コンプレックスがあるとしている。第1節で取り上げたロシアの精神分析運動を牽引したオシポフは、革命後はボルシェヴィキ政権に失望してチェコス

25

ロバキアのプラハに移っているが、彼はそこでトルストイやドストエフスキー
についての研究をしている。

岩本の『フロイトとドストエフスキイ：精神分析とロシア文化』(2010) の
第4章にはロシアの精神分析とその運動が文芸研究にも貢献していたことが紹
介されている。岩本の説明ではじめて知った内容も多く、ロシア文学の専門家
ならではの貴重なものである。

3. ヴィゴツキーとルリヤのフロイト『快原理の彼岸』への序文

ヴィゴツキーとルリヤによる本格的なフロイトについての理論的考察である
フロイト『快原理の彼岸』への「序文」をみていこう。

(1)『快原理の彼岸』にみる「快感原則」と「死の欲動」

ヴィゴツキーとルリヤはフロイトが1920年に出した『快原理の彼岸』のロ
シア語版 (1925) の序文 (Introduction to the Russian translation of Freud's Beyond
the pleasure principle) を書いている (Vygotsky & Luria, 1925)。『快原理の彼岸』
はフロイトの理論的変遷の中でも、彼の無意識の構造を論じた前半までのいわ
ゆる「第一局所論」から無意識と自我との関わりを論じた「第二局所論」へと
大きく変えていくことになった節目に書かれたものである[6]。

ヴィゴツキーとルリヤは「序文」ということで、冒頭フロイト精神分析の紹
介から始めている。フロイト理論には西欧の古いブルジョワ的な道徳心や学問
の伝統とは違うユニークさがあり、それゆえに受け入れることの難しさもあっ
た[7]。しかし、フロイトの学説も次第に受け入れられ始め、精神分析の技法
としてではなく広く心理学、生物学、あるいは文化の歴史としての精神科学の
問題となっていった。フロイトは時の寵児になってはいたが、彼の理論につい
ては間違った理解も多く、ヴィゴツキーとルリヤの表現を使えばフロイトは

ちょうどロビンソン・クルーソーが一人で孤島に残されたような状態であった[8]。

「序文」ではフロイトの「快感原則」と「死の欲動」についての理論的説明を述べているが、フロイトの『快原理の彼岸』の前半部分にあるこの著書の前提になっていることに全くふれていない。そのために「序文」を読んだだけではよく分からないことが多い。そこでここでは「序文」にはない『快原理の彼岸』の前半部分の内容を簡単に補足しておこう。

フロイトは、人間には快楽原理の中心にあるエロスと、それとは対極にある破壊欲動という死の本能の二つがあるが、実は後者こそが生を持続させていく働きをしていると考えた。これが人間の本質にあるとする主張だが、フロイトがこの考えを持つに至ったのは次の二つの事例からである。一つは、孫のエルンストが遊びの中でみせた行動である。1歳半のこの子はおもちゃをベッドの下に投げ入れてはそれを引き出す遊びをしていたが、おもちゃが見えなくなる時に特に大きな喜びを感じ、満足げな表情をした。あるいは母親が不在で戻って来た時、「ボクちゃん、オーオー」という言葉を発した。「オーオー」は「いない」という意味で、自分がいないことを表したものである。この子は自分が一人ぼっちの間に自分を消滅させる方法として全身が映る鏡を前にして自分の姿が見えなくなるようにうずくまって自分を「いなくなる」ようにさせていたのである。母親が一時的に不在になることの不安の代償としてこの子は自分を消滅させる快感を抱いていた。フロイトは孫の様子を傍らで見ながらこのように解釈をした。

もう一つは外傷性神経症の事例である。第一次世界大戦に従軍した兵士の中に外傷的な神経症に悩む患者がおり、いわば戦争によってトラウマを受けた人が夢の中で災害状況を繰り返し現し、事故の状況に立ち戻ってしまっていた。忘れようとするのではなく、戦争神経症から逃れることをしない。夢の中で楽しいこと、つまり快感体験を見るのとは逆に戦争の苦しい体験を繰り返してしまい、そこに立ち戻ろうとする。それは快感体験の向こう岸にある「死の欲動」として現れていることだとフロイトは言い、人間にはこういう心的装置が

あり、それはまさに快体験とは反対の「快感原則の彼岸」であると結論した。しかも、1歳半の孫のエルンストがみせたことから破壊あるいは無きものにしようという欲動が本能としてあり、それは人間にある生物的なものだと考えた。

（2）フロイトにある生物学的な発想とそれを巡っての議論

ヴィゴツキーとルリヤはこの「序文」では、フロイトが「快感原則」とは一見すると反対にある「破壊」あるいは「死の欲動」が生の保存を目指すものでもあるとした生物学的説明に注目する。フロイトは自己の生を生きようとする「エロス」、「リビドー的欲望」、快感原則に従って行動するという本能と、もう一つの「サディズム」の欲望、「死」へと向かう本能の二つがあって、生命の目標というのは死という無機的なもの、生命の出発点に帰っていくことによって次の生命を生み出していくことになると考えた。個体はなくなっても、個体の歴史を超えて種としては継続していくということである。

フロイトが「死の欲動」で言おうとしていることを端的に言えば、生命が誕生する以前の無機物の状態に戻る、つまり回帰しようとする本能を人間が持っているということである。全ての生命の目標というのは死であり、究極的に、生命とは死という最終的な目標へと至る迂回路だということでもある。

このフロイトの考えに対して、ヴィゴツキーとルリヤはフロイトの主張に二つの問題と疑問点をあげている。一つは、フロイトの説明は科学的根拠に基づくものではなく、形而上学的なものであって、生命に関しても一般に受け入れられているような生物学の考えとは異なっていること。第二は、フロイトの「死の欲動」の考えは希望のないペシミズム的な心理学に満ちていると同時に、仏教で言う「涅槃」という入滅によって不生不滅の世界、永遠の世界に入る思想を借りたもので、そこには死への憧憬という考えがあること。

それでは、こういったフロイトの発想は科学的な生物学や生命科学を否定したものとしてしまってよいのかということだが、二人はそうではないと言う。生の欲動とか死の欲動といったフロイトのいわば想像の部類に属するものも科

学的探究の重要性を決して否定したものではないからである。精神分析は科学的にはまだ証明出来ていないものと格闘しているということでは、まさにガリレオの発見がそれまで自明と思っていたことを超えるようなことをもたらしたのと同じことを精神分析は行おうとしている。ヴィゴツキーとルリヤはこう位置づけて「死の欲動」の考えを評価する。

　ただし、フロイトによって使われている精神分析の用語が生物学や化学の概念と比べてあいまいな説明になっているのが誤解を生む原因になっていると二人は言う。フロイトの考え方の背景には実は生への希求と死へ向かっていくという二つの人間の本能を細胞レベルで説明するという生物学的な発想がある。そこには生物学という科学的・唯物論的な姿勢がある。生命活動の基本にあることをフロイトが細胞レベルで説明していることを簡単に言うと、細胞同士が合体して新しいものを作っていくプロセスと、解体していくことで、それは生の欲動と死の欲動に対応していることになる。一つの細胞は他の細胞の生命を維持するために合体し、成長を可能にする。生に向かうリビドーを細胞レベルで言ったものである。そして、もう一つの細胞の働きとして一つの細胞は他の細胞を生き残らせるために自らを犠牲にしていく。死の欲動の細胞レベルの話である。死は新しい生命を生み出していくということである。一つの細胞の死は部分的に相殺されて細胞の生命が維持されている。死への欲望は生の欲望のために必要なことであり、互いは裏返しの関係になっているのである。ヴィゴツキーとルリヤはフロイトのもう一つの著書である『自我とエス』（1923）もサディズムという死の本能が生活体の生命を生命のない状態へと回帰させていくことを述べたものだと言う。

　まとめると、「序文」でヴィゴツキーとルリヤが強調していたことは、フロイト学説の重要性と科学的な説明の可能性であった。フロイトの生の欲動というエロスと死の欲動というサディズムの二つの人間の本質にあるものを生物レベルで言ったものであること、それはまさしくルリヤが「一元論的心理学の体系としての精神分析」でフロイト学説もマルクス主義も唯物論的な過程によるシステム的一元論であるとしていたことをさらに詳しく説明するものでも

あった。

　なお、この「序文」では取り上げていないが、フロイトには初期に書いた『心理学草案』（1895）がある。ここでは、彼はニューロン間の活動と反復という神経系の生理学を使って、人間一般の心理の法則を生理学的なものを基礎にして科学的に説明しようとした。ヴィゴツキーとルリヤは『快原理の彼岸』にもこのような生理学、あるいは生物学的なものがフロイトの発想の根源にあると指摘する。

　次の第2章でもヴィゴツキーがフロイトの精神分析理論について詳しく述べていることにふれているが、ヴィゴツキーはフロイト理論を決して全て否定的にみている訳ではなく、心理学理論としての可能性を含んでいるものとして肯定的な評価をしているところもあって、やや複雑な姿勢を取っている。

4．ロシアにおける精神分析研究の凋落

（1）精神分析の存続と廃止のせめぎ合い

　ロシアでは、フロイトの精神分析の考えは広く普及し、国際的な精神分析協会のロシア支部とでもいうべきロシア精神分析協会が1911年には設立されていた。ところがロシア革命を実現させたレーニン（Lenin, V.I.）が死亡した後、その後継者とみなされていたトロツキーが失脚し、追放されて事態は大きく変わることになる。トロツキーは精神分析の学問的意義を認めていたが、レーニンの後、スターリンが1923年に政権を取ってからは精神分析に対する批判が強くなり、ロシアの精神分析研究の拠点であったロシア精神分析協会は1930年に解散させられ、1933年には正式に精神分析学は禁止されることになる。このように、ロシアにおける精神分析研究は短い期間の中で受容と排斥という大きな変化を受けることになる。その経緯についてはミラーの『フロイトとボルシェヴィキ』（1998）の第5章「ソビエト精神分析の凋落」から分かる。

第1章　フロイトを読むヴィゴツキーとルリヤ―二人の心理学研究前夜―

　革命政権も当初は、精神分析を精神疾患の患者の治療だけでなく、革命後の社会にふさわしい人間の育成を推進する方法として利用しようとしていた。研究の方法という点でも精神分析学とパブロフ条件反射学とは科学的に一致するという発想が取られていたし、革命直後の1922年から24年には精神分析とマルクス主義との融合についての理論的検討も行われていた。1924年1月にペテルブルクで開催された精神神経学大会に精神医学者と心理学者が参加したが、そこでは心理学者の多くがマルクス主義による精神分析の研究を目指していた。ルリヤもその一人であった。この精神神経学大会では精神分析とマルクス主義社会学の原理とは合致するという共通認識があった。

　ところがスターリンはフロイトの精神分析が社会的視点を欠落させたブルジョワ主義であり、マルクス主義とは相容れないものとして強い嫌悪感を抱き、精神分析を排斥するようになる。このような状況の中でロシアにおける精神分析研究にとって大きな転換点となったのが1925年にモスクワの「出版の家（プレスハウス）」で二夜にわたって行われた「精神分析とマルクス主義」についての討論会である（国分, 2005, p.314；リッヒェベッヒャー, 2005、邦訳p.309）。ここでは精神分析に対してマルクス主義の立場から否定的な論を展開しているユリネッツ（Iurinets, V.）と、精神分析を擁護するロシア精神分析協会のメンバーとの間で応酬があった。精神分析派のメンバーはルリヤ、ヴルフ（Wulff, M.）、ザルキント（Zalkind, A.B.）、フリードマン（Fridman, B.D.）たちであった。ちなみにフリードマンはルリヤと共にカザンの精神分析協会の中心メンバーであった。

　精神分析を強く否定する発言を展開したユリネッツは、フロイトの理論は西欧の怠惰で無分別な伝統と結びついたブルジョワ的なものをロシアの中に持ち込もうとしており、しかも、そこでは巧妙にマルクス主義の史的唯物論のマントに隠れてうまくやっていこうとしている。それは唯物論でも何でもなく、観念論であると厳しく批判する（Iurinets, 1924）。

　この「出版の家」の討論会でルリヤがユリネッツに反論する形で意見を述べた内容が前にみてきた「一元論的心理学の体系としての精神分析」である。精

31

神分析とマルクス主義とは一元論的なものの見方を共通に持っていること、社会環境との相互作用の過程の中で人間精神をみていこうという全体論的発想も共通しているという訳である。ルリヤのこの論文と発言もロシアにおける精神分析の「生き残り」を目指そうとしたものであった。

　この後、ロシアの精神分析研究は大きな局面を迎えることになる。実際、精神分析研究を支えていたモスクワ国立精神神経学研究所は人民委員会の指令によって1925年の8月には廃止されている。

　1929年にはマルクス主義の考えから精神分析を論じたライヒ（Reich, W.）がウィーンからモスクワを訪れて、精神分析とマルクス主義とを結合させて精神分析の延命を試みたりした。彼曰く、エディプス・コンプレックスという自我の内奥にあるものも、「社会によって条件づけられた家族という独特な構造に由来している」（『弁証法的唯物論と精神分析』、片岡訳p.52）として、心的活動についての唯物論的解釈を行っている。だが、同じ年にモスクワの科学アカデミーのサピア（Sapir, I.D.）は『マルクス主義の旗のもとに』の第7-8号の「フロイト主義、社会学、心理学」（1929）で、精神分析は個人の心的なものだけを扱い社会的・経済的な条件の産物としてあることを論じていないと言う。彼はそもそも性の衝動やエディプス・コンプレックスといった人間の行動や病理の源泉にしているものも科学的に検証不可能であると強く批判して、さらに精神分析にとっては厳しさが増していった。

（2）精神分析の生き残りをかけた心理学者たち

　精神分析学と革命政権が重視するマルクス主義とうまく折り合いをつけて何とか生き残りの道を探ろうとしたのがルリヤとザルキントといった心理学者たちであった。ここではザルキントについてみていこう。

　心理学者で教育学者のザルキントは精神分析の研究に熱心で、ロシアの精神医学関係の学術誌『精神療法』に複数の論文を書いている（「精神神経症の本質について」、「夢遊病の三つのケースについての個人的心理的分析」。岩本, 2010, p.141に

32

第1章　フロイトを読むヴィゴツキーとルリヤ―二人の心理学研究前夜―

よる）。彼はロシア革命における国内戦で心的外傷を負った人たちの精神療法や子どもの性的虐待からのトラウマ症状の改善のための精神療法の実践に関わっていた。彼は、人間の心的なものは社会経験から条件反射的に形成されたものであって、その点では精神分析とパブロフ条件反射学とは結びつけることが可能である（Miller, 1998, p.76）として、精神療法という人間の心的な部分の治療と条件反射学による新しい行動の形成とを結びつけようとした。そして、彼は精神分析の「昇華」の概念を集団や社会へ適用していく手段として、条件反射と結びつけて本来の精神分析とは異なった方向に舵を切っている。精神分析の重要な概念である「リビドー」を集団的な社会実現の活動という形で使ったりした。

　精神分析でもしばしば問題になっている神経症はザルキントからすると社会に対する不適応であり、その回復を目指す治療も社会への再適応という意味であった。つまり、精神分析の概念を当時の革命政権に沿ったものに変えてしまった。結局、彼の中にフロイトの思想も残ってはいたものの最終的には精神分析の本来のものを捨ててしまった。

　ザルキントについては心理学の領域ではほとんど取り上げられることはない。だが、彼は精神分析を改造することに関わりながら同時に1930年頃のロシアで広まった児童学の運動に参加し、1928年から32年までは雑誌『児童学』の編集長を務めている（岩本, 2010, pp.138-139）。そして心理学者の仕事としては、1931年にモスクワ大学附属実験心理学研究所の所長をコルニーロフの後任として務めている。ザルキントが43歳の時である。コルニーロフが半ば所長を強制的に辞めさせられたのは、彼が提唱した反応学がマルクス主義の考えを徹底していない観念論的なものであると批判されたことによる。だが、後任のザルキントもわずか1年で退任になっており、それは彼の考え方は精神分析という個人の変数を払拭していないという批判があったためである。ちなみにコルニーロフは1938年から41年の間再び附属実験心理学研究所の所長に就いている。なお、ザルキントの思想について彼の精神分析に対する姿勢や児童学研究への取り組みをまとめたものに岩本（2004）の論文がある。

33

ソビエト・ロシアの精神分析研究は一方で存続させようとする動きがありながら、批判と排斥の動きが一層強まって1930年7月にはロシア精神分析協会は解散させられ、また1933年には精神分析は正式に禁止されている。併せて、1936年の夏には教育人民委員会はヴィゴツキーやブロンスキー（Blonsky, P.）が中心になって進めた児童学に対してもブルジョワ的な疑似科学であるとして研究は全て禁止されている。

　ロシアにおける精神分析学の扱い方の変化がルリヤの研究に反映していたことにふれておこう。ルリヤは人間の意識の問題として、無意識を実験的に検証するものとして身体運動と言語反応の両方を使った心理生理学的研究を行い、それをモノグラフとしてまとめている。そこでは暗に精神分析の問題を形を変えて議論しており、ルリヤは決して精神分析の研究をやめはしなかった。これが後年、1932年に英語で書かれた「人間の葛藤の特性：情動、葛藤、意志（The nature of human conflicts: or emotion, conflict and will）」で、葛藤といった感情過程を客観的に研究したものである。だが、この中ではフロイトの名前や精神分析のテーマを使うことを避けている。1930年以降はルリヤ、そしてヴィゴツキーもフロイト精神分析学について直接言及することは一切やめている。

（3）トロツキーと精神分析学

　もう一人、ソビエト・ロシアにおける精神分析の存続に尽力をした人物をあげておきたい。レーニンと共にロシア革命を成功させたトロツキーである。トロツキー（Trotsky, L.D.）が精神分析に興味を持つきっかけになったのは彼がウィーンに亡命していた時のことである。このことを彼は『わが生涯』（1930）の第17章「新しい革命の準備」の中で述べているが、トロツキーは亡命先のウィーンで、1908年からロシア革命の準備として労働者層を対象としたロシア語新聞『プラウダ』を発行していた。この新聞発行の協力者となっていたのがヨッフェで、後にはソビエトの代表的な外交官になった人物である。このヨッフェは神経の病のためにアドラーから精神分析の治療を受けていた。その

34

ようなことでトロツキーは精神分析学についての知識を得るようになり、この学問に興味を持つようになる。トロツキーはウィーンに滞在していた数年の間にフロイトたちと親しくなり、彼らの論文を読んだり、研究の会合にも出席している。その後もトロツキーは精神分析の考えはロシアにおける新しい文化創造を議論していくうえで参考になると位置づけていた。

トロツキーは1923年にロシアでは大きな力を持っていたパブロフに対して生理学とフロイト精神分析における心理学的研究とを結びつけるべく手紙を送り、両者を融合していくことを提案している（「アカデミー会員イ・ペ・パブロフへの手紙」）[9]。この短い手紙でトロツキーはフロイト学説が人間精神の底にあるものをみようとしており、それはまだ推察するだけの半科学的な説明でしかないが、条件反射学説は人間精神の底にまで降りて科学的に、実験に基づきながら人間精神の上の部分にまで上がってこようとしていると言う。このように、トロツキーはパブロフ学説が人間の心理の問題に接近していく可能性をも持っていると述べ、フロイト学説を擁護して活用してくれるように婉曲に依頼をしている。だが、パブロフはこの訴えを無視し、結局はトロツキーの訴えは馬耳東風に終わった。

トロツキーはその後も、1927年1月の『ノーヴィ・ミール（新世界）』第1号に書いた「文化と社会主義」の中の第2節「精神文化の遺産」（『文化革命論』所収）で、パブロフの反射理論は弁証法的唯物論として生理学的研究の蓄積によって心理学の問題でもある意識に迫っていき、生理学と心理学の壁を打破していくことが出来ると主張している。フロイトの学説も複雑な心理過程を動かしている力は生理的要求であるという意味では唯物論的である（トロツキー曰く、パブロフもフロイトも「魂」の底は生理学とみなしていると）。パブロフの方は魂の底まで降りて行ってまさに井戸の下から上まで調べるのに対して、フロイトは井戸の上から眺め、底の輪郭を推測したりする。パブロフの方法は実験で、フロイトの方法は推測、時にはファンタスティックな推測である。このように言いながら、トロツキーはフロイトの学説をマルクス主義とは「両立しない」ものとして背を向けてしまうのはあまりにも単純だと注意を促している。

トロツキーは人間の意識の問題について実験的研究だけに頼るのではなく、フロイト学説のような推論に基づきながらも意識の問題に迫っていこうとする研究にも注目すべきだと考えた[10]。トロツキーからするとフロイトとパブロフの二つの学説は唯物論という共通性を持っており、フロイトの理論もマルクス主義による唯物論的心理学として積極的に位置づけていくべきだとした。

トロツキーの「精神文化の遺産」では、パブロフ生理学とフロイト心理学の間の仕切りをなくして人間の思想の統一性や多様性について議論しようとしていた。これは当時のロシアでは、1920年代の初期からロシアの政党幹部や政治と直接関わりのない学界でフロイト学説が人間の心的状態の下に性衝動があることを強調していたことに反発し、猛烈な批判をしていたことが背景にあったが、それに対してトロツキーはフロイトの考えを文化・芸術の新しい創造活動に結びつけていこうとした。

トロツキーは、今、必要なのは弁証法的唯物論による人間社会と人間精神の研究であり、それを「内側」から修得していくことで、そこにフロイト研究の重要性を位置づけようとした。トロツキーの発言である。「われわれはフロイト学説の採用を強要されているわけでもない。フロイディズムは研究上有効な仮説である。それは唯物論的心理学を指向する推論や推測を生み出すことができるし、実際に生み出してもいる」（アイザック・ドイッチャー『武力なき予言者・トロツキー　1921-1929』[1959]、邦訳新潮社版 p.197)。

1928年2月にトロツキーは政敵のスターリンによってアルマ・アタへ追放され、翌年1929年1月にはコンスタンチノープルへと追放される。その後、トロツキーは国外追放となり、フランス、ノルウェーへと亡命していくが、最終的には亡命先のメキシコでスターリンの指令による刺客によって1940年8月に殺されてしまう。その後、ロシアのフロイト研究はしばらくの間途絶えることになる。

第1章　フロイトを読むヴィゴツキーとルリヤ―二人の心理学研究前夜―

注

〔1〕オシポフはロシア革命後革命政権に失望を感じ、国外に逃亡し、1921年からはチェコ　スロバキアのプラハのカレル大学に勤務している。ここでも彼は精神分析の研究と普及に　努めている。この時期、フロイトからの6回の手紙（1921年から23年）がオシポフ宛に送　られているが、この手紙がミラーの著書の巻末に附録として載せられている。

〔2〕フロイトの「精神分析運動の歴史のために」（1914）の中の記述である。「ロシアでは、　精神分析は一般的に大変よく知られていて、広がりを見せている。ほとんどすべての私の　著作と、他の分析支持者の著作がロシア語に翻訳されている。しかし、分析理論に対する　より深い理解は、ロシアではまだ生じてきていない。ロシアの医師たちの貢献は、目下の　ところ、ごく僅かしか挙げることができない。オデッサにだけ訓練された分析家がいて、　M・ヴルフという人物である」（邦訳p.73）。

〔3〕シュピールラインのハーグにおける精神分析学会の報告を直接聞いてピアジェは以下の　ように述べている。「女史は赤ん坊のママと呼ぶ時のことばは、乳を吸う行為の延長の何　ものでもなく、そのことを唇音で形成していることを証明しようとした。『ママ』は願望　の叫びであり、やがてこの願望を実現すべく命令としてのことばになっていく。そして、　『ママ』という叫びに乳児をなだめる一種の幻覚的満足を生みだすものにもなっていく。　それゆえに命令と、ことばを発することで得られる心理的満足とはほとんど区別すること　ができない。この二つの因子は互いに交錯している」（『児童の言語と思考』の第1章、邦　訳p.4、訳文を変更）。

〔4〕ザビーナ・シュピールラインについては、その波乱に満ちた生涯やフロイト、ユング　との間で人間的なドラマが展開されたということで映画になり、また彼女についての複数　の著書がある。比較的ユングに近い立場から書いたものがイタリアのユング派精神分析家　のカロテヌートの『秘密のシンメトリー：ユング／シュピールライン／フロイト』（1980）　である。この著書には、1977年に新しく見つかったシュピールラインの日記、シュピール　ライン、フロイト、ユングの間で交わされた手紙が載せられている。ベッテルハイムは彼　のエッセイ集『フロイトのウィーン』（1956-89）の中の第5章「ある秘められた非対称性」　で、シュピールラインのチューリヒ時代におけるユング、フロイトとの三人の間で繰り広　げられた出来事について短くまとめている。アルネスの『ザビーナ：ユングとフロイトの　運命を変えた女』（1994）はシュピールラインの短い生涯をノンフィクションの形式で書　いた小説である。これに対して、リッヒェベッヒャー（Richebächer, S.）の『ザビーナ・　シュピールラインの悲劇：フロイトとユング、スターリンとヒトラーのはざまで』（2005）

は社会学や政治学を専攻し、女性の社会運動史の研究などを行っている立場から、シュピールラインの生涯を膨大な史料と文献を使いながら丁寧に描いている。カロテヌートとリッヒェベッヒャーの二つの著書には、ロシアにおける精神分析運動についての説明も書かれており、ロシアの中でフロイトの学問が注目され、また最後に排斥される結果になったこと等の経緯が詳しく書かれている。

〔5〕1924年1月にペテルブルクで開催された精神神経学大会に精神医学者と心理学者の多くが参加し、そこでは心理学者の多くがマルクス主義による研究を目指すことを主張した。この会議でも心理学者のザルキントは精神分析がロシアで起きている子どもを含めた様々な精神疾患の治療に有効であることを強調している。彼は、精神的な治療の方法としてフロイト精神分析はパブロフ条件反射学の生物的性質と共通性を持っていることや、マルクス主義社会学の原理とも合致すると指摘している。あるいはフロイトの『トーテムとタブー』はマルクス主義でも十分に議論されてこなかった信仰の問題を科学的に議論することや、社会における宗教や信仰の役割をマルクスの史的唯物論の考えとつなげることを可能にするとも述べている。

〔6〕フロイトは彼の理論の前半までは人間の精神構造を意識、前意識、無意識の三つの層として考え、無意識は意識によって押さえ込まれているが、無意識にある欲望が抑圧から解かれて夢の中で現れたり、時には日常生活の異常な行動となって出現することもあると言う。前意識はいったん忘却されながらも場合によっては意識の世界に戻ってくるものである。この第一局所論では三つの配置構造を述べているのに対して、1920年以降の第二局所論では意識が自我、無意識がエスにそれぞれ対応し、これらはいずれも無意識の中にあるが、自我がエスの生（性）の欲望をコントロールしていくという動きのある心的構造論へと変わっている。第二局所論ではもう一つ超自我という、自我を道徳的に監視したり拘束するものを加えている。

〔7〕フロイトは「精神分析運動の歴史のために」（1914）で、自らを劇作家・ヘッベルの言い方を借りて、「世の眠りを乱した者」に数えられていると述べている。「世の眠りを乱した者」とはヘッベルの「ギューゲスとその指輪」の第5幕でギューゲスに向けて発したカンダウレスの言葉である（邦訳 p.59）。

〔8〕フロイトの特徴でもあるのだが、彼は独自の考えを大胆に展開して、仲間と共同の研究もしなかった。そのことで研究仲間との離反もあった。フロイトが「精神分析運動の歴史のために」（1914）で書いているように、1914年頃は精神分析学の創設に関わったユングやアドラーがフロイトから離反し、まさに彼が孤立を深めていった時期でもあった。

〔9〕パブロフに宛てたトロッキーの手紙である。「貴下の条件反射学説は、私が思いますに、

フロイト理論を特殊な場合として包摂しています。性的エネルギーの昇華は、フロイト学説の得意の領域ですが、これはn+1、n+2、その他の段階の条件反射の性的基礎にもとづいた創造です。フロイト派の連中は、底の深い、かなり水の濁った井戸を眺めている人に似ています。彼らは、この井戸は底なし（「精神」の底なし）である、と信ずるのをやめないのです。彼らは底（生理学）を見たり、あるいは推察したりして、井戸の中の水の本性を規定している底の本質について、鋭く興味深いが、科学的には気まま勝手な一連の推察をおこなっています。条件反射に関する学説は、上から下まで眺めながら、半科学的な、半小説家的な方法には満足せず、底に降りて、実験して上に上がってくるのですね」（「科学と革命」［1923］、『文化革命論』邦訳pp.242-243）。

〔10〕トロツキーの『文化革命論』にある文章。「われわれは決してフロイト学説を養子にする義務があるわけではない。それは、唯物論的心理学の路線にそってすすんでいる結論や推測を与えることができるし、疑いなく与えている作業仮説である。実験的方法は適時にテストを行う。しかしわれわれは、信頼度は下がるが、実験的道がきわめてゆっくりとしか導けない結論を先取りしようとしている別の道を禁止する根拠も、権利ももっていない」（「文化と社会主義」［1927］、邦訳p.363）。

第2章

新しい心理学の出発
——ヴィゴツキーの「心理学の危機の歴史的意味」——

　ヴィゴツキーが「心理学の危機の歴史的意味」の原稿を完成したのが1927年である。この論文は、彼が1924年の2月にユダヤ人居住区である故郷・ゴメリにある教員養成大学を辞め、モスクワ大学附属実験心理学研究所に赴任して本格的な心理学研究を開始してからおよそ2年弱の間にまとめたものである。

　この論文は学術誌に発表したり、著書として出すといった目的で書かれたものではなく、あくまでも個人的な構想メモである。だが、内容は多岐にわたり、またその分量も多い。この論文は紛失もされることなくそのままの形で保管されていて、1982年になって印刷され、執筆から50年以上も経ってからようやく世に出ている。彼はこの論文を『芸術心理学』を完成させた後の短い時間の中でまとめている。『芸術心理学』の方はヴィゴツキーの博士学位論文となったものである。『芸術心理学』についてはここではほとんどふれないが、佐藤の『ヴィゴツキーの思想世界』(2015) の第2章、第3章で詳しく述べている。

　「心理学の危機の歴史的意味」は一言で言えばその当時の心理学関連の研究を批判しながら新しい心理学を創り上げていくための理論的スケッチである。これまでの心理学研究を超えた新しい心理学の出発と理論を創り上げていこうという意欲に満ちた内容である。

1. 一般科学の構築を目指して

「心理学の危機の歴史的意味」は邦訳では16の章、英語版では14の章で構成されている（英語版は複数の章をまとめた形になっている）が、大まかに分けて前半の8つの章までは一般科学として心理学をいかに構築していくかということを議論している。この「一般科学（general science）」というのは個別の心理学を対象としたものではなく、人間心理の本質を明らかにしていくことを目指そうというもので、心理学という分野に限定することなくまさに学際的な形で人間の心理を総合的に論じていこうというものである。ヴィゴツキーが問題にしたのは個別分野の研究から出されたものから普遍的な人間心理を論じる「一般心理学（general psychology）」がいかにして可能かということであった。それはとりもなおさず心理学研究の方法論としてどうあるべきかという問題でもあった。

これまでの心理学ではほとんどの研究が個別の分野で行われてきたものを直ちに人間の心理一般に当てはめてしまっているとヴィゴツキーは批判する。例えば、パブロフ条件反射学、フロイトの精神分析学、ゲシュタルト心理学、そしてシュテルンの人格主義である（邦訳p.112）。これらは動物の学習、精神病理、類人猿の問題解決行動、人格心理学という個別科学で出されたものを人間の学習や人間の意識、無意識に過剰に一般化して人間心理のトータルな説明原理としてしまった。

例えば、ヴィゴツキーはパブロフの研究について次のように言う。パブロフは自分の研究分野の影響や指導力をあらゆる心理学的知識の領域にまで押し広めようとした。ヴィゴツキーは、パブロフ学説では「人間の心理に遅かれ早かれ客観的データをもちこみ、意識の本性やメカニズムを説明する。その道筋は単純なものから複雑なものへ、動物から人間へと向ってしまった」（邦訳p.98）と言う。彼はそうではなく、はじめから人間そのものをきちんと研究する姿勢に戻るべきなのだと指摘する。

第2章　新しい心理学の出発——ヴィゴツキーの「心理学の危機の歴史的意味」——

　心理学ではそれぞれの専門分野の中で提出された説明原理でもって人間心理一般に当てはまるような過剰な当てはめ方をしてきた。個別の分野で出された理論が一般心理学になってしまったが、それはそもそも一般心理学というものがなかったからである。これがヴィゴツキーの問題意識であった。

　ヴィゴツキーはこのような説明の仕方がいかに間違っているかをマルクスの『経済学批判への序説』（1859）を使いながら次のように指摘している。人間の解剖は猿の解剖のための一つの鍵となるが、下等なものから高等なものを暗示出来るのは、高等なものそのものについて既に知られている場合に限られる。下位にあるものや人間心理としては特殊なものから人間心理に当てはめていくことではその本質は明らかにならない。本質に辿り着くためにはどうするか。ヴィゴツキーの表現を借りれば、「心理学のあらゆる分野をおおう知識体系を円の形で図示してみると、一般科学はさしずめ円の中心ということになろう」（邦訳p.134）ということである。

　それではヴィゴツキーは人間心理の本質をどのようなものにしていこうとしたのだろうか。それについてはヴィゴツキーは論文の後半で述べており、これは後でみていく。

2．フロイト精神分析に代表される「過剰な一般化」の問題

　前にみたように、ヴィゴツキーの論の展開にはマルクスの考え方が基本にあり、そこでは一般科学という形で心理学を個別・特殊な事象だけを問題にしないで総合的な人間心理を構築しようというものであった。その時にマルクスの理論と合わせて、心理学のあり方について参考にしたのがビンスワンガー（Binswanger, L.）の『一般心理学の諸問題への序論（*Einführung in die probleme der allgemeinen psychologie*）』（1922）で、彼は「心理学の危機の歴史的意味」でこの著書を詳しく紹介している。

　ヴィゴツキーが「心理学の危機の歴史的意味」を書いている時はまだフロイ

43

ト精神分析理論はロシアで盛んに議論されており、ヴィゴツキーもフロイトの理論を批判の対象にしながらもそこから心理学のあるべき姿を導き出そうとした。ただ、前の章でみたようにロシアでは次第にフロイトの精神分析学には批判の声が強くなり、存続が危ぶまれ始めていた。

　その時にヴィゴツキーが参考にしたのがビンスワンガーの精神病理論であった。ヴィゴツキーは「心理学の危機の歴史的意味」の第7章「無意識の問題」で、ビンスワンガーの『一般心理学の諸問題への序論』を取り上げながら、フロイトは人間にある衝動興奮や欲求を単一の要素や無意識、エスといった心的装置で説明してしまっていると批判している。

　ビンスワンガーはフロイトを参考にしながらも、それを超えていこうとしたが、ここにヴィゴツキーがビンスワンガーに注目する理由があった。ヴィゴツキーが感じたフロイト理論の問題点をビンスワンガーは端的に語っていたということである。そこにはフロイトを巡ってヴィゴツキーとビンスワンガーとの問題意識の共有がある。

　それでは『一般心理学の諸問題への序論』でビンスワンガーはどう言っていたのだろうか。これまでヴィゴツキーの研究ではほとんど注目されることがなかったビンスワンガーの一般心理学についての議論と現象学的精神病理学の考えをみていくことにしよう。

（1）ビンスワンガーの「一般心理学」の議論

　ヴィゴツキーがビンスワンガーの『一般心理学の諸問題への序論』に注目するのは、ヴィゴツキーが言う「心理学を一般部門として論じること、つまり人間心理全体の共通性としてある事実を科学的に研究することが可能であるか、そのことを明らかにしていこう」（「心理学の危機の歴史的意味」邦訳 p.101 および英語版 p.238。英語版をもとにして文章を大きく改変）というビンスワンガーの問題意識への関心からである。

　ヴィゴツキーはフロイトがエディプス・コンプレックスを過剰なまでに人間

44

第2章　新しい心理学の出発──ヴィゴツキーの「心理学の危機の歴史的意味」──

心理として一般化しており、そのために精神分析学では人間の心的なものについて偏った見方をしてしまって人間心理についての正しい理解になっていないと批判する。まさにヴィゴツキーの言う「一般科学」としての心理学、つまり「一般心理学」として人間心理の本質を明らかにしていないということである。ビンスワンガー自身も自らの課題を人間心理の本質を明らかにしていくこと、その理解に努めていくことだとした。

　ビンスワンガーは序文で次のように述べている。本書で努力したいのは、精神科医である筆者が心理学的および心理療法的な観点から「患者」が受け止めることや、そこで考えなければならないこと、そして実際にそこで行っていることについて概念的基礎を明らかにすることである。それはここ10年間の心理学的知識と精神科医の仕事に負うものであり、多くの研究の進展と経験的なものの深まりによっている。だが、まだ私たちはこの知識それ自体を知らないでいるし、その概念的基礎としてあるその論理についても分かっていない。そのために私たちは「理解しようとする努力をし」、心理学的なもの、一般心理学の理解をしていくことであり、これが本書で取り組むべきことである。このようにビンスワンガーは率直に語っている。そして、ヴィゴツキー自身も「心理学の危機の歴史的意味」の第7章「無意識の問題」のところでは、先にみたビンスワンガーの後半部分の文章を引用している。つまり、「この知識それ自体を知らないでいる、つまりその概念的基礎としてある、その論理について分かっていない」（邦訳p.148、英語版p.265）という文章である。この言葉だけでは分かりにくいが、先のビンスワンガーの序文に当てはめてみると意味がはっきりしてくる。

　ちなみに、ビンスワンガーの『一般心理学の諸問題への序論』の各章のタイトルをみると、第1章は「心的なものの定義とその自然科学的記述」、第2章は「心的なものの客観的特徴」、第3章が「心的なものの非客観的説明：心的なものの機能とその行為、経験」、第4章は「他者と人格についての科学的記述」となっている。これらの章のタイトルで示されているように、ビンスワンガーは「心的なもの（das Psychische）」の定義や心的なものについての研究、心理

学的基礎概念といった精神分析や精神病理学を超えて心理学そのものの諸問題を明らかにしようとした。特に第4章では、人格とその心的行為の多様性との関係を議論していくためには他者（das fremde Ich）の視点を入れて論じなければならないと言う。これは、ヴィゴツキーが心理学で目指していた研究と共通するものであった。ここにはビンスワンガーがフロイト学説から出発しながらもフロイトでは明らかにしていない人間心理の本質としての「心理学」を明らかにしていこうという彼の独自性をみることが出来る。これがビンスワンガーが議論したい中心にあるものだった。

ヴィゴツキーがこれから心理学の研究の中で解いていくべき課題と研究の方向を論じていくうえで、あえて精神病理学者のビンスワンガーの発言を取り上げようとしたその真意もみえてくる。もう少しビンスワンガーの発言をみていこう。

（2）ビンスワンガーのフロイト理論批判

以下のものはビンスワンガーのその後の研究で、ヴィゴツキーの「心理学の危機の歴史的意味」ではふれていないものだが、ビンスワンガーが現象学の視点からフロイト理論の人間心理をみていくうえでの限界を論じたものである。ここでもヴィゴツキーとビンスワンガーとは共通の問題意識がある。それはヴィゴツキーが明らかにしたかった人間心理の本質は何なのかということである。

ビンスワンガーは『一般心理学の諸問題への序論』を書いた後からは他者の心的世界を探っていく方法として現象学研究へと進んでいった。ハイデッガーの現存在論の考えを基礎にした現存在論分析による現象学的精神病理学である。そこでは現実世界の中に生きている人間精神とその病理を問題にしながら同時に人間の文化存在にも焦点を向けている。

これからみていくように、ビンスワンガーの人間精神とその病理に対する姿勢は1936年に行われたフロイトの80歳の誕生を記念して行われたビンスワ

ンガーの講演内容に表れている（「人間学の光に照らして見たフロイトの人間理解」
［1947］、邦訳『現象学的人間学　講演と論文1』［1967］所収）。彼は人間学からみた
フロイト精神分析の限界を述べ、特にフロイトには文化の中で生きる人間と人
間の内的世界をみていく視点がないと批判する。フロイトの人間観としてある
のは歴史や文化に規定されない「自然人（ホモ・ナトゥーラ）」である。われわ
れは一つの常識として、人間を人類の歴史や、神話や宗教、文化といったもの
の中にある歴史的人間としてみていくが、フロイトはあくまでも自然科学的な
構築の産物である自然人というものを考えてしまっていた。

　このビンスワンガーの指摘は、フロイトの基本原理であるエディプス・コン
プレックスという人間が持っている無意識の中にある「原父殺し」という原罪
と、母親を自分のものにしようとする普遍的な欲望を前提にしたものだが、そ
れが宗教や道徳の発生についての説明原理になっているもので、このことをビ
ンスワンガーは批判する。フロイトは人間は自らの中にある父親（「原父」）殺
しの欲動を避けるために「トーテムとタブー」という装置を産み出したが、フ
ロイトはエディプス・コンプレックスという人間の「自然」として持っている
ものに文化の説明を求めてしまった。フロイトの考えの根本にあるのは、個
人ないしは人類にある諸衝動や欲求をエディプス・コンプレックスという要素
（元素）で説明していることである。しかも制御することが出来ない欲求や衝
動でもって説明してしまっている。このように、ビンスワンガーのフロイトに
向ける眼差しは厳しい。

　ビンスワンガーのこの講演では、フロイト理論について次のように指摘し、
批判している。「人間を一般に対象化するすべての心理学において、とりわけ
現代の自然探究者たち、フロイト、ブロイラー、フォン・モナコフ、パブロ
フたちの心理学においては、一つの裂け目、亀裂がみられ、しかもこの亀裂を
みるとき、ここで全体的人間、全体としての人間存在が学問的に研究されるに
到っていないことが明らかになります」（同上邦訳p.240）。ビンスワンガーはフ
ロイトが人間心理をきわめて限定された視点と枠組みでしか捉えていないと指
摘する。それでは人間を全体としてみていくことによって人間の本質を明らか

にしていくことなど出来ないことになる。まさに現象学的な視点こそが求められることだとビンスワンガーは言う。

　ここでなぜ、ヴィゴツキーが「心理学の危機の歴史的意味」でビンスワンガーが現象学的精神病理学の視点からフロイト精神分析を批判しているのを取り上げていたかと言うと、ビンスワンガーはフロイトのように人間心理を自然的な発想でみていくのではなく、文化の中で生きている人間としてみていこうとしたからである。

　ヴィゴツキーのフロイト批判と同じことをビンスワンガーは1936年に行っていたのである。残念ながらヴィゴツキーはビンスワンガーについては1922年の著書以降のものをみることはなかったし、フロイトの80歳を祝った1936年の祝賀集会の際のビンスワンガーの発言と論文ももちろん読むことは出来なかった。仮にヴィゴツキーがもう少し長生きしていたならビンスワンガーの論文にふれることが出来たかもしれない。ヴィゴツキーがフロイト精神分析学を一定程度評価する一方で人間を多面的な角度から論じなければ何もみえてこないこと、特に文化的存在としての人間という視点が不可欠だとしたことはビンスワンガーの考えとも重なっている。

3．ヴィゴツキーのロシア・精神分析とパブロフ条件反射学への批判

　ヴィゴツキーは「心理学の危機の歴史的意味」の第7章以降でロシアの心理学における課題を広く論じながら、ロシアにおける精神分析運動とパブロフ条件反射学は心理学の正しいあり方にとって決して望ましいものでなかったと指摘する。そして、ロシアにおける心理学研究を考えた時、彼が唱えたのは、フロイト精神分析を無理やりマルクス主義の発想と結びつけたり、それをパブロフ条件反射学で補強することを止めるべきで、何よりも心理学に大きな影響を与えている条件反射学から脱却していくことであった。以下、ロシアの精神分析研究の特徴と、パブロフ条件反射学についてヴィゴツキーがどう批判したの

48

第2章　新しい心理学の出発──ヴィゴツキーの「心理学の危機の歴史的意味」──

かをみていこう。

（1）ロシアにおける精神分析に向けるヴィゴツキーの姿勢

　「心理学の危機の歴史的意味」の第7章「無意識の問題」で、ヴィゴツキーはロシアで精神分析研究が存亡の危機にあった時に、その生き残りをかけフロイト精神分析学とマルクス主義、あるいはフロイトのそれとパブロフ学説とを結びつけるような折衷主義が起きたことを批判している。いわばロシアの地で支配的だったマルクス主義やパブロフ理論をフロイト精神分析学に迎合させるもので、ヴィゴツキーはこういった精神分析の亜流主義を戒める。具体的にはルリヤとザルキントらの動きであるが、これらについては既に第1章でみてきた通りである。

　はじめに、ヴィゴツキーが「心理学の危機の歴史的意味」の第4章「四つの心理学思想の運命」と第7章「無意識の問題」でフロイト精神分析学をどう言っていたのかを確認しておこう。

　ヴィゴツキーはフロイトが自分で出した個別の事例についての解釈を全ての人間心理一般に当てはめてしまう過剰な一般化をしてしまったと言う。精神分析理論はあらゆる人間の文化現象まで無意識で説明してしまった。「精神分析は心理学の枠を越え、性欲は一連の他の形而上学的な思想のなかで形而上学的な原理へと変えられ、精神分析は世界観へ、心理学はメタ心理学へと変貌していった。精神分析には固有の認識論、固有の形而上学、固有の社会学、固有の数学が存在する。共産主義とトーテム、教会とドストエフスキーの作品、神秘学と広告、神話とレオナルド・ダ・ヴィンチの発明──これらすべてが変装し、化粧した性、セックス以外の何物でもないのである」（邦訳p.112）。このように、ヴィゴツキーはフロイトの複数の著書をかなり読み込んだうえで問題を指摘している。

　ヴィゴツキーは第7章で、フロイト理論には検証不可能なものがあり、フロイトは、実に多くの抽象的な体系を作り上げてしまったと言う。ヴィゴツキー

49

はモリエールを引き合いに出してフロイトを次のように批判している。モリエールの喜歌劇の代表作の『町人貴族』のことである。これは主人公の成り上がりの町人・ジュルダンが貴族として生きようとして巻き起こす騒動の物語で、この主人公が自分の人生を何の疑いもなく語っているのと同じように、フロイトは研究者として一つの理論を作り出し、新しい言葉を導入し、他の用語とうまく調和させ、新しい事実を記述し、新しい結論を一歩ずつ進めながら理論体系を作っていった（邦訳 p.146）。このようにヴィゴツキーはフロイトが述べていることをモリエールの『町人貴族』の主人公が自分の物語を語っていることになぞらえながら、半ばフロイトの理論を科学的な根拠に基づかず、方法論としても検証しようがないものとみている。もちろん、フロイトが理論として語っている「人間精神の物語」、あるいは「無意識の科学」を単に検証不可能な科学の対象としてしまってよいかという問題はあるが、ここではひとまず科学的な吟味という条件からは外れてしまっているとヴィゴツキーが捉えたということである。

　既に本書の第1章でもみてきたように、ヴィゴツキーはこの「心理学の危機の歴史的意味」を書いた2年前の1925年にフロイトの『快原理の彼岸』のロシア語版のための「序文」をルリヤと一緒に書いている。第1章でも述べたが、この「序文」ではフロイト理論のユニークさを中心に書いており、あまり問題点の多くを述べてはいないが、フロイトの説明は科学的根拠に基づかないことや、人に希望を抱かせることがないペシミスティックなものであるとしてやや批判的な論調になっている。

　もちろん、「心理学の危機の歴史的意味」の第7章でもフロイトの理論、特に『快原理の彼岸』は、あいまいさや科学的に検証不可能なものを含んでおり、理論としての体系も複雑で、きわめて思弁的で、事実に基づく裏づけによって人を納得させるようなものでないとしている。『快原理の彼岸』の基本テーマである死に向かっていく「欲動」を戦争で外傷性神経症になった兵士が自分が受けてしまった悲惨な状況を夢の中で何度も再現するとか、子どもが遊びの中で不快な経験を繰り返している事例で語っていることなどは思弁的な物

50

第2章　新しい心理学の出発──ヴィゴツキーの「心理学の危機の歴史的意味」──

語でしかない。あるいはフロイトが強調する「死への本能」を人間が持っている生への動きの裏腹としてあるという一般に受け入れることが難しい生物学的な考えと、その背景にある「涅槃の哲学」などは全て架空のことでしかないとヴィゴツキーは言う[1]。

　このようにヴィゴツキーはフロイトの理論には問題とすべきことが多いとしながらも、他方、「心理学の危機の歴史的意味」の中でフロイトの「死の欲動」概念には死を巡るユニークな考えがあるとも言う（英語版p.264）。ヴィゴツキーは、生物学の考えでは生命について科学的に証明しているし、その研究方法や生の概念もはっきりしたものを持っている。だが、フロイトの出した死の欲動や死の概念についてはまだ生物学でも解くことが出来ない重要なものが残されているとして、その意味では『快原理の彼岸』は正しく議論し、検討していく余地があるとも言う。ヴィゴツキーの発言である「われわれは死の概念についてその奥底にあるものが何であるかは分かっていない。死を単に生と対極にあるもの、生きていないもの、手短に言ってしまうと存在しないものとしている。だが、死は積極的な意味を持ち、存在していることのもう一つの形であって、何も存在しないなどといったものではない。それは何か特殊なものである。生物学はこの死が持っている積極的な意味を知らないでいる。死は生きていることについての普遍的な法則である。この現象が有機体、つまり生命過程では何も表していないなどとは考えられない。死が何の意味も持たないとか、消極的意味しかないなどとしてしまうことは到底出来ない」（英語版pp.265-266）。生を考える時に死の意味を避けることは出来ないということである。

　ヴィゴツキーはロシアにおける精神分析の扱い方はフロイトの理論的独自性を十分に理解しないまま排除しようとしていると苦言を呈している。彼は、精神分析に弁証法的唯物論の考えが入っていないからといってマルクス主義者が無意識など研究すべきでないという考えをしているが、こういう姿勢は取るべきでないし、フロイト理論に対する問題を議論していくこととは別に精神分析の方法論としての可能性は正しく検討していくべきだと言う。以下、ヴィゴツキーの発言である。「まず第一に精神分析、マルクス主義のそれぞれの考え方

や学説について方法論としてどういうことがそこにあるか十分考えていくべきである。そして、こういった条件を前提にしたうえで、メタ心理学としてみていくとフロイトの死の欲動の学説は興味のあることだし、その有効性もある」（英語版p.265。文章を一部変えている）。だが、ヴィゴツキーのこういったフロイトに対する姿勢とは違った形でロシアではフロイト理論の排斥が進んでおり、それに対してフロイト理論を擁護しようとしてフロイト理論を無理に解釈することが起きてしまった。そのことを次にみていこう。

（2）ルリヤらが出したフロイト理論修正版に対するヴィゴツキーの批判

　ロシアにおけるフロイト精神分析を巡っての一連の動きについては既に第1章で述べておいたが、ヴィゴツキーがこれらに対してどういう態度を取ったのかをみていこう。

　ヴィゴツキーはルリヤとフリードマン、そしてザルキントが精神分析にマルクス主義やパブロフ条件反射学をつなげて議論していることには批判的であった。精神分析とマルクス主義を結びつけたルリヤとフリードマンが出したいわば「精神分析変形版」はロシアにおける精神分析研究の生き残りをかけた一種の折衷案であった。

　このようなルリヤたちの動きに対してヴィゴツキーは次のように批判をしている。彼らの試みはフロイトにしてもマルクスの理論にしても、それらがどのようにして生まれ、また構成されてきたのかを度外視して、異なっているものを統合しようとする「折衷的な試み（eclectic attempts）」の何ものでもない（英語版p.259）。「折衷主義者がやっていることは、マルクス主義哲学が提起している問題にフロイトのメタ心理学でささやいているものでもって答えるようなものである」（同上）。

　ルリヤは「一元論的心理学の体系としての精神分析」（1925）では、精神分析は一元論的心理学のシステムで、それはマルクス主義の一元論的な方法論と一致していると述べているが、こういった言い方ではマルクス主義を「一般的

第2章　新しい心理学の出発──ヴィゴツキーの「心理学の危機の歴史的意味」──

な方法論（general methodology）」として位置づけてしまっている。ダーウィンやカント、パブロフも同じような一般的な方法論を論じたものとしてしまっているが、実はマルクス主義もこれらの理論も決して一般的な方法論としてくくってしまってはいけないのであって、これらが述べていることは独自の役割や意味を持っている。マルクス主義を一般的な方法論として一緒に論じてしまうことによってマルクス主義の本質にあるものを改変してしまっている。このようにヴィゴツキーの批判は厳しい。そしてルリヤとフリードマンが「精神分析は一元論的心理学であり、方法論的には史的唯物論を取り続けている」などということをフロイトが知ったら困惑するだろうとも言う。もちろん精神分析の公式な雑誌には一度たりともルリヤとフリードマンが書いた論文が掲載されることはなかった。

　ルリヤたちと同じように、ザルキントも精神分析とパブロフ条件反射学を結合して精神分析の存続を計ろうとした。このことは既に第1章でみてきた。これに対してもヴィゴツキーは間違った方向に向かっていると批判する。ザルキントのようにフロイト理論の中心にあるものを機械的なやり方でまとめてしまうこと、特に条件反射学にある経験論的なものと精神分析を一致させることは唯物論の哲学的意味からしてもおかしなことになってしまう。このようにヴィゴツキーは言う。

　ザルキントの意図したことを改めて確認しておくと、それは、精神療法という人間の心的な部分の治療と改善は条件反射学による新しいものの形成と訓練とを結びつけてしまうことであった。精神分析で言う「昇華」の概念を集団や社会へ適用していく手段として条件反射と結びつけるという本来の精神分析とは異なったものであった。ザルキントは革命政権が強調する集団的指向を目指すマルクス主義者たらんとして、エロスの昇華は社会に有用な形となることを主張する。ザルキントのものは先のルリヤが精神分析とマルクス主義とを一元論的に一致させようとした発想とは違っていたが、精神分析の生き残りをかけようとしたことでは同じであった。

　ヴィゴツキーが彼らを批判している背景にあるのは次のようなことである。

53

これまでの人間科学についての研究は本来そこで明らかにされてきた個別の説明原理を超えて一般理論にまで無限定に広げる過ちを犯してきた。パブロフの条件反射学、ゲシュタルト心理学、そして精神分析理論もそうであった。これらの研究では本来は個別対象についての限定的な説明を行ってきたものを次第に人間心理全般について説明してしまう一般理論へと変貌させてしまった。ここで問題にしているルリヤ、ザルキントの場合は、精神分析とマルクス主義や条件反射学のそれぞれを一般理論として解釈して、共通部分をつなげてしまうようなことをしてしまった。ヴィゴツキーはエンゲルス（Engels, F.）の『自然の弁証法』（1873-86）を使いながら、科学では個別科学で明らかになった概念や理論は何段階も経てようやく一般理論へとなっていくものであって、個別科学の事実を重視することなく一般理論へと進めてしまうことは早計であると警告する。

　このようにヴィゴツキーが「心理学の危機の歴史的意味」で述べている心理学が目指していくべきことは、ルリヤやザルキントが精神分析をマルクス主義や条件反射学と一緒にしてしまうようなことではないということである。かえって彼らの過ちを通してこれからの心理学構築のための課題が具体的にみえてくる。ヴィゴツキーにとってルリヤは1924年からモスクワ大学附属実験心理学研究所でいくつかの研究を一緒にしてきた仲間であったが、ルリヤが精神分析とマルクス主義とを一緒にするといった発想を取ったことには厳しい批判をしている。

（3）ヴィゴツキーのパブロフ条件反射学批判

　パブロフたちの研究、特にベヒテレフのものは犬から人間へ、つまり動物で分かったことをそのまま人間の行動や心理に当てはめてしまった。だから、ヴィゴツキーは次のようにも言う。パブロフは自分の研究分野の影響や指導力をあらゆる心理学的知識の領域にまで押し広めようとした。ヴィゴツキーは、パブロフ学説では「人間の心理に遅かれ早かれ客観的データをもちこみ、意識の本性やメカニズムを説明する。その道筋は単純なものから複雑なものへ、動

第2章　新しい心理学の出発──ヴィゴツキーの「心理学の危機の歴史的意味」──

物から人間へと向ってしまった」（「心理学の危機の歴史的意味」邦訳p.98）と批判
する。そうではなくて、はじめから人間そのものをきちんと研究する姿勢に戻
るべきであるとヴィゴツキーは言う。「反射──それは心理学の一章にすぎず、
心理学全体でもなければ、むろん世界全体であるはずもない」（邦訳p.114）。こ
のように彼が言うのは何も条件反射学だけのことではなく、精神分析理論、ゲ
シュタルト心理学も同様である。繰り返しになるが、ヴィゴツキーは心理学で
は、それぞれの専門分野の中で提出された説明原理でもって人間心理一般に当
てはまるような過剰な当てはめ方をすることがしばしばみられることが問題だ
と言う。

　条件反射学の中でも、ベヒテレフは条件反射によって人間心理を説明しよう
として「精神反射学」という名称で犬の唾液分泌反応を用いた学習原理を人間
心理と学習過程にそのまま機械的に当てはめ、広げている。「ベヒテレフの理
論体系は、心理学のあらゆる領域に応用され、使われて、それに支配されて
しまっている。全て、睡眠、思考、仕事、創造が反射とされてしまっている。
……世界のあらゆるものが反射である」（英語版p.245）。このように条件反射学、
そして精神反射学は当時の心理学研究に多大な影響を与えていた。

　そもそも、パブロフは自分の条件反射学を唯物論に基づいた科学的研究とし
て犬の学習の刺激‐反応の随伴性を獲得していく過程から脳の神経回路の解明
という問題に限定していた。そこでは、あくまでも人間の心理的なものに相当
するような生理学的現象について犬を使って研究していた。このような彼の考
えは『動物の高次神経活動（行動）を客観的に研究した20年の試み』（1923）の
中で自らの研究を振り返りながら、心理学で意識といった高次な心理的なこと
をあいまいな形で研究しているといつまでもはっきりとした結果など得られな
いと述べていることに表れている。生理学者パブロフが出した心理学への注文
である[2]。

　パブロフの理論は、革命前までは決して心理学の世界に影響を与えるもので
はなかったが、条件反射の理論はロシア革命によってマルクス主義による唯物
論重視の考えを背景にして大きく広がり、心理学研究にとっても大きな意味を

55

持つようになった。革命は条件反射学を唯物論思想の道具として人間の世界に
も使える道具としていき、心理学の世界へと入っていった。だから、パブロフ
たちは、犬の唾液反応でみられた事実は犬に限定されることがない生物一般の
法則であるし、条件反射の理論も最終的には人間の学習にも当てはめることが
出来ると考えていくようになる。人間に特有の言語行動についても条件づけを
さらに条件づけていくといういわゆる「二次的条件づけ」で説明するといった
ようにあくまでも条件反射の原理で説明するという姿勢が取られ、人間を含め
動物全体の一般理論となっていった。ここにはパブロフの生理学研究に限定す
るという姿勢があると同時に、その学説を人間の心理学にも無限定に当てはめ
ていくといった二つの流れがあった。

　ヴィゴツキーは「心理学の危機の歴史的意味」ではパブロフ学説を念頭に置
いて、マルクスの『経済学批判への序説』(1859) にあるように低次のものを
高次にあるものに当てはめてしまうと、本来の高次な形態としてあるものの本
質が見失われてしまうと警告する。『経済学批判への序説』では、下等なもの、
つまり猿から高等なものである人間を暗示することが可能になるのは、あくま
でも高等なものそのものについて既に知られている場合に限られると指摘して
いた。パブロフたちの研究は犬から人間へ、つまり動物で分かったことをその
まま人間に当てはめることをしてしまった。そして、パブロフは自分の研究分
野の影響や指導力をあらゆる心理学的知識の領域にまで押し広げようとした。
ヴィゴツキーの発言である。「反射学については、われわれは論理的間違いを
してはいけない。反射学は心理学の一章にすぎず、心理学の全体のことでもな
く、もちろん世界の全体のことでもない」(英語版 p.246)。

　心理学では、それぞれの専門分野の中で提出された説明原理でもって人間心
理一般に当てはまるような過剰な当てはめ方をすることがしばしばみられる。
それは学問の進展の中では必然的なことだった。個別の分野で出された理論的
心理学が一般心理学になってしまったが、それはそもそも一般心理学がなかっ
たということに尽きる。

　そして、ヴィゴツキーは「心理学の危機の歴史的意味」の第8章「心理学の

方法について」で、条件反射学、特にベヒテレフたちの心理学の研究方法について厳しい批判の目を向けている。彼らは心理的なもので直接知覚として得られるものだけが科学的に研究できるものと考えた。知覚対象に人間精神を預けてしまったということである。直接目で見ることが出来ないという限界を前提にした研究を考えていない。同じことは、唯心論的なものではなく、科学的な心理学研究を標榜したコルニーロフの反応学でも、まさに名前の通り、人間が示す反応をそのレパートリーを少し広げる形で扱っただけで、同じように直接目に見える形で表れたものこそが心理学の研究対象になると考えた。

　心理学にとっては直接経験することには限界があることは死活にも値する重要な問題である。特定の知覚と科学的概念を区別し、分離していくことは直接経験によるのではなく間接的な方法に基づくことによってのみ可能である。科学の課題はあらゆるものを経験に至らしめてしまうことではない。仮にそうだとすると科学は私たちが知覚した記録に置き替えるだけで十分ということになってしまう（英語版 p.274）。このようにヴィゴツキーが指摘していることは、後の第15章「分析的方法と心理学的唯物論」でも、帰納法には一定程度限界があるという形でマルクスとエンゲルスの考えを使って述べている。観察し、体験したことをただ記述するだけでは大きな限界がある。

4．ヴィゴツキーが目指す心理学：実践とその歴史・文化の創造

（1）ヴィゴツキーのマルクス主義心理学と実践論

　ヴィゴツキーは「心理学の危機の歴史的意味」の第13章「心理学の危機の原動力」（英語版は第12章）で、心理学に人間心理の本質を正しく捉えることが出来なかった原因が何であったかを論じている。それは同時に「危機」を脱していくための処方箋をみつけていくことでもある。

　これまで心理学を実践的な応用の学問として広く位置づけてきたが、実践が

どういう意味を持っているかという哲学的考察が行われないままただ役立つものという性質しか論じてこなかった。実践は本国の見方、考え方に全て従ってしまっている「理論の植民地」であった（英語版 p.305）。だが、実践について、原理と哲学について正しく位置づけていくことが求められている。それは、ちょうど「建築家にとってはもはや用済みになった石が隅のかしら石として重要になってくる」ということである（英語版 p.306）。このようにヴィゴツキーはマタイの福音書第21章にある言葉を使って、これまで重視することがなかった実践とその哲学的意味を正しく捉え直していくこと、そして実践を心理学の中に正しく位置づけていくことこそが「心理学の危機」を救う道だと考えた。

　そして、ヴィゴツキーは第15章の「分析的方法と心理学的唯物論」（英語版では第13章）では、今、心理学にとって何が求められているのかと問う。そこで必要とされているのは、弁証法的唯物論の抽象的な命題を当該の現象の分野について具体的に当てはめていくことであり、それが媒介的科学（intermediate science）としての心理学的唯物論である（英語版 p.330）。理論を具体的な実践を通してまさに媒介していくことで、実践が持っている哲学的、あるいは心理学的意味を明らかにしていけるということである[3]。

　ヴィゴツキーは「心理学の危機の歴史的意味」の終わりの部分で次のように述べている。「新しい社会は新しい人間を創り出すだろう。新しい人類の不可欠な特徴として、そして新しい生物的なタイプを人工的に創り出していくものとして人間の改造について語っている時、それはとりもなおさず自らを創り出していく生物種としては唯一で最初のものだろう。……将来の社会では心理学は本当に新しい人間の科学になるだろう」（英語版 pp.342-343）。

　彼は新しい社会、そして文化創造を可能にしていく実践と、それを目指す人間こそが心理学として位置づけられていくべきものだとした。これが本章の冒頭でふれたヴィゴツキーが出した一般科学としての心理学が明らかにしていくこと、つまり個別の心理学の問題を解くことだけではなく、人間心理の本質としてあるものを明らかにしていくという課題に対する彼の答えであった。そして、ヴィゴツキーが目指していく心理学がどのようなものであるかを考える

58

時、彼が絶えず自らの学問の範としたのはトロツキーの文化創造としての人間
の活動であった。それはまさに一般科学としての心理学が目標としていくべき
ものの具体的な姿でもあった。以下、ヴィゴツキーが強く思想的な共鳴を抱い
ていたトロツキーの考えをみていくことにする。既に第1章ではトロツキーが
フロイト精神分析を擁護する考えを述べていたことをみてきたが、ここではそ
れとは別の角度からトロツキーの文化創造論を取り上げてみよう。

（2）トロツキーの文化生成論

　トロツキーはレーニンと共にロシア革命を成功させた人物である。彼には
革命運動家という顔だけでなく、新しい芸術と文化の創造を目指した思想家
という別の顔があった。彼にとってはロシアの地に新しい芸術と文化を創造し
ていくことがもう一つの革命として目指していくことであった。トロツキーが
新しい文化創造を革命の目標としていたことは、ドイッチャー（Deutscher, I.)
の『トロツキー伝三部作』の中の『武力なき予言者・トロツキー　1921-1929』
(1959) で詳しくみることが出来る。特にこの中の第3章「政治のみによって生
きるにあらず……」では、トロツキーは人間の心理や人間社会のことを唯物論
的な発想だけで説明していくことは出来ないとしていた。彼は革命を政治・経
済的なものの変革だけでなく、新しい文化や芸術をロシアの地に根づかせてい
くこととしても捉えていた。彼にとっては、文学、芸術、教育の問題は広い意
味での政治的関心事でもあった（邦訳p.181）[4]。
　トロツキーは人間社会の発展について、自然界を説明していく唯物論的な科
学研究から単純に演繹していくことは出来ず、人間の心的世界とそこにおける
経験をそれとは別の形で問題にしなければならないと言う。つまり単なる唯物
論ではなく、弁証法的唯物論による人間社会と人間精神の研究であり、「内側」
からの修得を明らかにしていくことである。
　トロツキーが芸術について論じているものを『文学と革命』（第1版：1923、
第2版：1924）でみていこう。トロツキーが弾圧されてからはこの本は長い間発

禁処分になっていたが、1991年に復刻刊行されている。ここでは一番新しく1993年に桑野隆によって訳出された『文学と革命』（上・下二分冊）を用いる[5]。

　第一部「現代文学」で革命前後の文学研究について論じている内容を手短にみてみよう。第5章までは、当時のロシアの主要な文学理論や文学運動を論評したものである。トロツキーははじめの数章で、ブローク、ベールイ、ヴァチェスラフ・イヴァノフといった象徴主義、いわゆるロシア・シンボリズムの文学論を主観的なイメージを重視したものだと批判している。これに代わる文学理論としてトロツキーが取り上げているのがアクメイズムと未来主義であった。アクメイズムは象徴主義のような作品から受ける内的イメージを具体的な作品から切り離さないで論じるもので、代表的な作家にグミリョーフ、マンデリシュターム、アフマートヴァなどがいる。トロツキーはアクメイズムを高く評価している。未来主義については芸術的形式にこだわらないという点では新しい芸術運動として位置づけられるが、セクト主義へと走ってしまい大衆の芸術・文化運動にはならなかったと批判する。

　トロツキーはロシア・フォルマリズムについても厳しく批判している。シクロフスキイ、ジルムンスキイに代表されるフォルマリストたちの方法論的手法は一定の範囲内では芸術的特性や心理的特性を明らかにする助けにはなるだろうが、形式的な枠で説明してしまっているのが問題だと言う。フォルマリストたちの着想は、作品を創造したり、作品を消費する人を無視することによって成り立っている（邦訳p.235）。新しく芸術に求められるのは、読み手であるわれわれプロレタリアートの中に形成される精神構造の表現であり、芸術がこの形成を助けてくれるようなものでなければならない。だからトロツキーはフォルマリストたちは芸術の本質を論理的に突きつめていないと言う。

　そして、この章の最後は、次の言葉で締めくくられている。「形式派とは、観念論に博学者的な装いをこらした月足らずの赤ん坊が、芸術の問題に適用されたものである。フォルマリストには早熟の司祭めいたところがある。かれらはヨハネの徒であり、かれらにとっては『初めに言葉ありき』（ヨハネによる福音書の出だし）である。だがわれわれにとっては初めに行為があった。言葉

は行為のあとに、行為の音響的な影としてあらわれた」（邦訳p.231）。このトロッキーの言葉はヴィゴツキーの『思考と言語』の最後の発言とも重なっている。「言葉は最初にあるものではない。最初にあるものは行為である。……言葉は、行為に桂冠をいただかせる最後のものである」（『思考と言語』[1934]、邦訳pp.432-433）。ヴィゴツキーがトロッキーに共鳴していることはこの後のところで確認する。

　トロッキーが『文学と革命』の第7章と第8章の中で述べている文化論をみていこう。第7章では、革命によって生まれた新しい党が芸術に対して取るべき姿勢は芸術とそのグループの主体的な活動を援助していくことであり、党が命令的に指導をするといったことはすべきでないと述べる。芸術はそれ独自の自立したものであるべきで、党の支配からは自由で、芸術の分野は党が命令することが要求されない分野である。トロッキーはここで個性を重視するといっても、自己中心主義的な考えや初期の象徴主義のような神秘主義に走ったり、未来派のような前衛的なアヴァンギャルドを志向するのではなく、それを個人主義と集団主義との弁証法的性質として理解していくべきであると注文をつけている。そして、彼は次のように言う。「いままさにはじめようとしているばかりの文化向上の内容となるのは、まさに個性なるものの客観的能力の向上と主観的自覚の向上であろう。……労働者がシェイクスピアやゲーテ、プーシキン、ドストエフスキイから摂取する、それはまず第一に、人間の個性やその情熱、感情にかんするもっと複雑な観念であり、労働者は個性がもつ心理的な力や、そこで無意識的なものが果たす役割等々をもっと深く鋭く理解するであろう。結局、労働者は豊かになるわけである」（邦訳p.305）。

　トロッキーの革命家としての人間観としてよく言われるのは、自然においても社会生活でも人間がこれらに能動的に関わっていくことで新しいものを生み出していく可能性を重視するということである。人間は単に物質に隷属しているだけではないという視点である。トロッキーが目指そうとしたのは、社会や共同体という既存の組織にがんじがらめに縛られることなく、それらとうまく調和しながら自らを成長、発達させていく新しい個人を創り出していこうとい

うことであった。

　このことを第8章で確認していこう。第8章の最後の節の「人間の改鋳」として広い意味で教育の役割を論じているところであり、それは人間の文化創造の可能性を強調しているところでもある。トロツキーはここで、人間はこれまでの長い歴史的時間の中で新しい文明を創り上げ、山や河を作り変えたり、モンブランの頂上や大西洋の底に建物を建てるといったことも可能であることを学んでいるのであって、それと同じことで日常生活における質も変えることが出来ると言う。食事や養育という家庭の中の問題も社会的創意として解決すべき問題であり、それは女性の半奴隷的状態からの解放を可能していくことでもある。だから技術と並んで新しい世代の心身の形成という広い意味での教育学は「社会思想の女王」（邦訳p.342）になってくる。

　さらに彼は人間の成長の可能について説いていく。人間は自分自身を調和させていくことを目指し始めている。彼は次のように言う。最初に人間は、不可解な自然発生的現象を追い出し、野蛮な慣習を科学技術に取り替え、宗教を科学に取り替えてきた。その後、君主制や身分制を民主主義に変え、自然発生的な経済関係も変更してきた。無意識の自然発生的な暗い最深奥の一隅に対しても探究する思惟と創造的創意の努力を向けられるであろうことは明白ではないだろうか（邦訳p.343）。「人間は、自身の感情を支配し、本能を自覚の高みにもちあげて透明なものにし、意志の導線を、隠れた地下のものにまでゆきわたらせ、そうすることによって自身を新しい段階に高めることを——より高度な社会的・生物学的タイプ、強いていうなら超人をつくりだすことを——目的とするであろう」（邦訳p.344）。

　最後にトロツキーは次の言葉で結んでいる。「未来の人間がみずからをどこまで自己支配できるかどうかを予測することは、人間が技術をどこまで高めるかを予測するのとおなじようにむずかしい。社会建設と心身の自己教育は、同一の過程の二つの面となるであろう。芸術は言語芸術であれ、演劇であれ、美術であれ、音楽であれ、この過程は素晴らしい形式をもたらすであろう。もっと正確にいうならば、文化建設と共産主義的人間の自己教育の過程が身にまと

第2章　新しい心理学の出発──ヴィゴツキーの「心理学の危機の歴史的意味」──

うであろう外皮は、今日の芸術の生命力ある全要素を最大限に発展させるであろう。……人間の平均的なタイプはアリストテレスやゲーテ、マルクスのレベルにまで向上しよう。こういった山脈の上に新たな頂が聳え立つのである」（邦訳pp.344-345）。

（3）トロツキーの思想に共鳴するヴィゴツキー

　ヴィゴツキーはトロツキーの考え方、特にトロツキーが革命を通してロシアにおける芸術や文化の面で新しい創造的活動を展開していこうとしたことに強く共鳴している。先にみたトロツキーの『文学と革命』である。この本は発行当時、広く読まれており、ヴィゴツキーもこれを読んでいたはずである。
　トロツキーが文学理論について詳しく論じていた内容とヴィゴツキーが『芸術心理学』（1925）の中で展開していったこととはきわめて類似している。ヴィゴツキーの考えは、ロシア・フォルマリズムのような、文学作品の形式的な構造だけで説明してしまい、読者の創造活動を置き去りにするような発想ではなく、作品という外と読者の内的活動とを統合していこうとするもので、ヴィゴツキーもアクメイストの一人であった。実は、ヴィゴツキーは学生時代にユダヤ系で左翼の文芸雑誌『新しい道』の編集の手伝いをしており、ロシア文学にはかなりの知識を持っていたし、彼はもう一つの左派系の文芸雑誌である『年代記』にも論文を出している。彼はこれらの文芸雑誌に複数の詩人や小説家についての作品紹介と書評を書いている。『年代記』には、象徴主義の旗手であったベールイの小説『ペテルブルグ』についての書評を書いたりしている。ヴィゴツキーのロシアにおける文芸研究に対する目配りは既に十月革命以前の1915年頃のことであり、その点からもトロツキーとヴィゴツキーとは重なるところが多い。
　そして、トロツキーが人間の主体的・創造的活動を重視していくことがプロレタリアートのための芸術・文化論だと言ったことにヴィゴツキーも共鳴していた。だから、ヴィゴツキーはしばしばトロツキーの思想について言及し

63

ていた。このことは筆者も『ヴィゴツキー小事典：思想・理論・研究の構想』
(2022) の中でふれておいた。だが、トロツキー追放後は彼について取り上げ
ることは危険を伴うということで、口外されることはなかったし、少しの例外
を除いてトロツキーの名前について論文や著書でふれることは避けていた。

　トロツキーが人間は強いて言うなら超人を作り出すことを目指していると述
べていたことと同じような文言を、ヴィゴツキーは「心理学の危機の歴史的意
味」の最後の部分で使っている。「新しい社会は新しい人間を創造する。新し
い人類の必要不可欠な特徴として、そして新しい生物的タイプを人工的に創り
出していくこととして人間の改鋳を論じていくと語った時には、自分で自分を
創造していく生物学における最初で唯一の種となるだろう。……新しい社会に
おいて心理学は本当に新しい人間の科学になるだろう。これなくしてマルクス
主義や科学の歴史についての展望を描いていくことは出来ない。そして、この
新しい人間の科学というのはやはり心理学のことだろう。いまや私たちはこの
流れを手中に収めている」(英語版 p.343)。これからの社会では、心理学は人生
の中心に立つ学問になるだろうし、それなしにマルクス主義も科学の歴史につ
いても展望を描くことなど出来なくなると言うのである。

　この文章からも分かるように、先に引用しておいたトロツキーの『文学と革
命』の第8章の最後の節である「人間の改鋳」で、教育の役割を論じていたこ
とに呼応してヴィゴツキーが教育について論じていたことを十分に想像させ
るものである。実際、ヴィゴツキーは「心理学の危機の歴史的意味」の翌年に
「心理学の科学（*The science of psychology*)」(1928) の論文を書いているが、そ
こでもこれからの心理学は主体的な人間を創造していくことを目指す学問であ
り、新しいタイプの人間を創り出していくことであると述べている。そしてこ
の論文の最後で、未来の心理学、超人の理論と実践のための科学というものは
名前だけは今の心理学と同じものかもしれないが、その内容は違っている。今
ある現実の心理学を変えて新しく創り出していくことで未来の心理学は生まれ
てくると言う (英語版 p.104)。この論文の結論で述べていることと同じものが
「心理学の危機の歴史的意味」でも繰り返し語られている。

64

第2章　新しい心理学の出発──ヴィゴツキーの「心理学の危機の歴史的意味」──

　「心理学の危機の歴史的意味」英語版の編者のリーバー（Rieber, R.W.）とウォロック（Wollock, J.）が注で、エトキントの発言として、ヴィゴツキーの「心理学の危機の歴史的意味」で新しい科学としての心理学の創造を述べていることはトロツキーに触発を受けたものであると指摘している（英語版p.390）。実際、エトキントは彼の論文「文芸学者ヴィゴツキイ：忘れられたテクストと知られざるコンテクスト」（1995）の中でも、ヴィゴツキーはトロツキーのことを考えてこの締めくくりの言葉を書いていたと言う。そして、ヴィゴツキーが教育に果たす役割をトロツキーの思想に重ねていたことを書いた『教育心理学講義』（1926）に注目して、エトキントは以下のように指摘している。この本の中にはトロツキーの『文学と革命』の第8章に書いた文章を引用しているところがあるとして、前のところでも書いた「最初に人間は、不可解な自然発生的現象を追い出し、野蛮な慣習を科学技術に取り替え」に始まり、「無意識の自然発生的な暗い最深奥の一隅に対しても探究する思惟と創造の創意の努力を向けられるであろうことは明白ではないだろうか」というところまでの文章（邦訳p.344）を引用している。だが、この後再版されたものでは、ヴィゴツキーが『教育心理学講義』に書いたトロツキーの引用文は削除されており、今日邦訳で読むことが出来るものではトロツキーの名前も文章もそこにはない。明らかにトロツキーの名前を出してはいけないという編者・ダヴィドフ（Davydov, V.V.）の意図によるものであろう。

　ヴィゴツキーが心理学のあるべき姿としてトロツキーの言葉、科学は超人を創り出していくべきだを引用した背景には、ヴィゴツキーのトロツキーに寄せる親近感があった。トロツキーの革命家としての人間観としてよく言われるのは、自然においても社会生活でも人間がこれらに能動的に関わっていくことで新しいものを生み出していく可能性を重視していたことである。だから、トロツキーは主観的なものと客観的なものの間の相互連関も問題にしていた。人間は単に物質に隷属しているだけではないという視点である。

注 ────

〔1〕フロイトが『快原理の彼岸』で述べている「涅槃」についての補足である。彼の「死
の欲動」の考えは仏教の「涅槃（ニルヴァーナ, Nirvana）原則」で言う「生以前の存在」、
つまり「死という安定した世界」へと戻っていくという考えとも共鳴するもので、そこに
人間の心にある普遍的な姿をみることが出来ると言う。フロイトが「死の欲動」と「涅槃
原則」との連続性という発想を持ったのは、バーバラ・ロウが1920年に書いた『精神分
析：フロイト理論の梗概』に触発を受けたものだが、フロイトはその後1930年に一人の日
本人と会うことで、自分の考えに確信を持つようになる。矢部八重吉は日本の政府系の鉄
道に勤める心理学者で、精神分析の研究で3か月間ヨーロッパに派遣されていた。矢部は
日本語版フロイト著作集の編集をしていて、『快感原則の彼岸』も著作集の第7巻に収録
され、生は死へと向かって行くという考えは仏教的な概念であることを伝え、フロイトは
自分の考えを受け入れる人たちがいることに喜んだという（『フロイト最後の日記：1929-
1939』より）。矢部については、『フロイト最後の日記：1929-1939』を編集し、解説を加え
たモルナーの記述からのものである。矢部について今日ではほとんど取り上げられること
はないが、1928年に東京精神分析学研究所を創設し、ドイツに渡航して、フロイトとも直
接会ったり、国際精神分析協会が認定した精神分析家の資格も得ている。矢部たちは1933
年には『フロイド精神分析学全集』を春陽堂から刊行している。この全集の中には『自我
とエス』、『快感原則の彼岸』も収められている。東京精神分析学研究所編になる『快感原
則の彼岸』は邦題では『快不快原則を超えて』（フロイド精神分析学全集・第4巻）となっ
ている。なお、東京精神分析学研究所編の『フロイド精神分析学全集』は現在、個別の巻
が分散されて国内のいくつかの大学で所蔵されてはいるが、その所蔵大学数もわずかであ
る。また、矢部がフロイトの考えをまとめたものと、それを応用して矢部独自の臨床論を
論じた概説書の『精神分析の理論と応用』（1932）もある。『快原理の彼岸』あるいは『快
感原則の彼岸』は Jenseits des Lustprinzips の邦題で、「快原理」と「快感原則」の二つの
訳があり、統一訳はない。Lustprinzips を矢部や本書の第3章の竹田　中山は「快感原則」
としている。矢部、竹田・中山のところでは彼らの表記通りとするが、本書では基本的に
須藤の「快原理」を用いる。

〔2〕パブロフがサンクトペテルブルクにおけるロシア医師会での講演で述べたもので、第9
章「複雑精神現象の主観的理解と対比したこの現象の客観的分析の発展」に収められてい
る。「心理学では意識現象を問題にするが、精神生活では意識と無意識とがどれほど複雑
にいりまじっているか、よくしられているところではないか。おもうに、心理学者は研究

第 2 章　新しい心理学の出発──ヴィゴツキーの「心理学の危機の歴史的意味」──

にあたって、小部分だけてらす角灯（トーチ）を手に暗闇をゆく人のような状態にあるのである。そんな角灯ではその土地をしりつくすのが困難なことは、おわかりだろう。そのような経験のあるものならだれでも、そんな角灯で未知の土地からえられた印象が、日光のもとでえられた印象とはまったく一致しなかった記憶があるだろう」（『動物の高次神経活動（行動）を客観的に研究した20年の試み』、邦訳『高次神経活動の客観的研究』）。

〔3〕ヴィゴツキーは第15章（英語版は第13章）の関連部分で、次のように述べている。「弁証法は自然、思考活動、歴史をカバーするもので、それは最も一般的で、最も普遍的な科学である。だから心理学的唯物論（psychological materialism）の理論、あるいは心理学の弁証法（dialectics of psychology）は私の言う一般心理学である。このような媒介的な理論（intermediate theories）──方法論、一般科学──を作り出すためにはその領域の現象の本質にあるもの、その変化の法則、質的・量的な特徴、因果関係を明らかにすること、それらの固有のカテゴリーと概念を作り出していく必要がある。つまり、自分たち自らの『資本論』を作り出さなければならない。どんなマルクス主義科学も『資本論』を素通りして論じることが可能だなどと考えることは全くおかしなことであることを示しているのは、マルクスが『資本論』にある価値、階級、商品、資本、剰余、生産力、土台、上部構造等の抽象的で歴史的なカテゴリーを使いながら量-質、トリアード（ヘーゲル弁証法の正反合）、普遍的連関（universal connection）、相対立するもの同士のつながり、跳躍といった弁証法の一般的な原理とカテゴリーを論じていたことから十分に想像できることだった。だから、心理学には『資本論』にあるような階級、土台、価値といったものに相当するような自分の概念が必要であり、それによって心理学はそこにある対象を表現し、記述し、研究していくことが可能になる」（以上、英語版 p.330 をもとにしながら一部、訳文を変更。邦訳は pp.260-261）。

〔4〕トロツキーは、ロシアの風土にはびこっている精神的後進性や階級支配や権力者の横暴は依然と解消されていないと言う。そして、彼は風俗や道徳、日常生活のささやかな問題を重視し、かつての奴隷制度があった時の人間の尊厳を無視するような風習をなくしていかなければ、人間同士の思いやり、自己に対する尊重の念、女性の真の平等、子どもたちのふさわしい保育といった新しい生活など創造していくことは出来ないとも言う（ドイッチャー『武力なき予言者・トロツキー　1921-1929』邦訳新潮社版 p.183）。

〔5〕『文学と革命』は第一部の「現代文学」と第二部の「その前後」の二つからなっており、前者は10月革命前後の文学・芸術に関するもの、後者は革命前に書かれた文学と芸術についてである。いずれも大部なもので、邦訳も二つに分けて訳されている。邦訳としては、古いものでは、第1版の前半部分の第一部までのところを茂森唯士が1931年に訳出したも

67

のがあり、その後、第2版の第一部と第二部の全てを内村剛介が訳している。これは二分冊にして、第二部が『文学と革命・Ⅱ』として1964年に、翌年の1965年に第一部が『文学と革命・Ⅰ』として刊行されている。第一部には短いトロツキーの年譜が巻末にある。

第3章

ヴィゴツキー・ルリヤの
歴史的存在としての人間精神

　第3章では、ヴィゴツキーとルリヤの心理学理論の基礎にある歴史的存在としての人間と人間精神の考えをみていくが、ここで取り上げるのは二人の共著書である『人間行動の発達過程：猿・原始人・子ども』(1930) で、これと関連するのがヴィゴツキーの『文化的・歴史的精神発達の理論』(1930-31) の第2章の第7節「心理学における歴史的研究」と、論文「人間の具体的心理学」(1929) である。

1．ヴィゴツキーの歴史主義心理学

　ヴィゴツキーは心理学を歴史的視点から論じていくことの重要性を主張していたが、ヴィゴツキーが人間心理を歴史的視点からみていくとしたことは、今という時間の中での人間の心理と行為は歴史的なものを背景にしているものとして説明すべきだということである。いわば歴史主義的な心理学を目指していこうということだが、このような発想とは対極にあるのがフロイトの理論である。フロイトは人間の無意識世界にあるものを太古から続いているコンプレックスに求め、それで今を生きている人間心理を説明してしまっている。それはまさにヴィゴツキーが言う人間心理の歴史性、あるいは歴史主義心理学とは相容れないものである。

　フロイト理論については前の二つの章でも取り上げてきたが、ここではフロ

69

イト理論を反歴史性という視点からみていくことにしよう。ヴィゴツキーはフロイト理論の重要性を一部認識しながらも、心理学の理論としてはエディプス・コンプレックスという一つの視点だけで人間精神を論じており、そこでは過剰な一般化をしてしまっていると言う。まさにヴィゴツキーが問題にするのは、フロイトの理論には歴史的視点がないということである。ヴィゴツキーも読んでいたフロイトの『トーテムとタブー』(1913) がその端的なものである。このことは前の第2章でビンスワンガーがフロイトにある自然的人間という考えを批判したところでもふれたが、父親（「原父」をも意味する）の殺害という無意識の欲求、そして母親を自分のものにしようとする願望を人間は持っているというものである。この欲動を抑制するためのインセストタブー（近親相姦の禁忌）という社会的・文化的制度の起源になっているものをエディプス・コンプレックスという無意識の力動に求めて説明した。原始社会にその起源を持つトーテムの掟は、人間の無意識にある父を殺し食べ尽くしてしまいたいという欲望、あるいは破壊願望を禁止しなければ社会は編成されないとした。この無意識の願望を解消すべく、他の動物を殺すトーテム供宴という装置の中で昇華させる「トーテムポール」という代替するものを使う儀式を生んだというのがフロイトの説明である。この太古からの「原父」に由来するものでもって「今を生きている人間の無意識世界に作用している」とする説明は人間の生きてきた歴史を超えたもの、もっと言えば歴史を否定してしまうものである。

　そもそもフロイトは無意識世界を重視しているために今という時間の中で自らの心的世界を意識化させるための言語活動を重視しなかった。そして、もう一つ議論しなければならないのがフロイトの「反復発生論」である。そこからは歴史と関わりながら、歴史の中で生きていくという人間の姿を見出すことは出来ない。

　ヴィゴツキーは『文化的・歴史的精神発達の理論』の第2章の第7節「心理学における歴史的研究」では、人間を歴史的に研究することは人間心理が過去はどうであったかを遡って研究することであると言われることがあるが、それだけが人間の中にある歴史的なものを明らかにしていくことではないと言う。人間と人間精神にある歴史的なものを明らかにしていくことは、人間心理を運

動の中でみていくことであり、今という短い時間で起きていることを個人の時間を超える長い時間幅の中で起きている多重の層における心的活動としてみていくことである。端的に言えば、人間心理を運動＝過程としてみるということである。これがヴィゴツキーの言う歴史的研究ということである。

このことに関わって、次の節でみていくメルロ＝ポンティは人間の記号活動（シーニュ）について語った『シーニュ』（1960）の序では、言葉と記号によるコミュニケーション活動にある一つの平面は人類の歴史という垂直的次元を背景にして行われていると言う。歴史的世界の中で今の個人の意味世界そして個人を超えたコミュニケーションを考えなければならないということである。水平的次元の活動とそれを支えている歴史的なものとしての垂直的次元は同時に起きている。ここには歴史的存在としての人間を考える視点がある。

2．人間の心理世界にある水平的次元と垂直的次元、その往還

フロイトの「反復発生論」＝非歴史性、メルロ＝ポンティの「〈制度〉という歴史」、そしてヴィゴツキーの「運動としての歴史的研究」を順次、もう少し詳しくみていくことにしよう。ここから人間心理をみていくためには歴史的存在としての人間としてみることが不可欠な視点としてあることを確認する。

（1）われわれは過去の奴隷なのだろうか

前の章でもみてきたフロイトの「死の欲動」と表裏一体になっているのがわれわれの心の中に潜んでいるとする「反復強迫」である。「快原理」の向こう岸にあって不快で外傷的な過去の経験から人は逃れられずにその「反復」を繰り返してしまうものである。「反復強迫」は肉体的あるいは精神的な外傷を受けたことによる心的神経症、いわゆる「トラウマ」や、戦争に従軍したことで苦しい体験をしたことが後に神経症となって残ってしまう戦争神経症として表

れている。このように、当人にとっては不快で苦痛な経験を起こしたことを繰り返し思い出してしまい、しかも意識では思い出すことなど望んでいないにもかかわらずそうせざるを得ない状況に陥ってしまう。まさに「強迫」の形で働いているものである。

「反復強迫」は外傷性神経症や戦争神経症の人だけに起こることではなく、その苦しみの程度の違いはあるだろうが、神経症でない人にもみられることだとフロイトは言う。例えば、「どんな人と友人関係を結んでも、最後に友人に裏切られる人々」、あるいは「女性との愛情関係が、つねに同じ経過をたどって、同じ結末に終わる人々」である（『快感原則の彼岸』、竹田・中山訳 p.138）。

あるいは恐怖症として次のことを経験した人も多くいるのではないだろうか。満員電車の中で他人が向けてくる視線が怖いと。もちろん誰も自分を見てはいないのに。多数の人の前に立つと、自分の顔が赤面してそれを抑えようとするが、それを止めることが出来ずに、さらに紅潮し、冷や汗をかいてしまう。誰もそんなことに気づいていないのに。あるいは、一度、建物の高い所で怖い経験をしてしまい、それからはわずかに高い場所でも恐怖心が起きてしまう。こういった恐怖症は怖かった経験を当人の意志とは関係なく何度も反復して起きる「反復強迫」であり、不快で苦痛と感じるものから逃れられないまさに「快原理」に反することをしている。

そして、フロイトは「反復強迫」は自らの意志によるものではなく、人間の無意識の中にある太古からの古い層がそうさせていると言う。だから「快原理」よりも根源的で、基本的な欲動に満ちたものだと彼は言う（同上邦訳 p.140）。このような、フロイトが人間は太古からあるものを繰り返すという発想のもとにあるのは、発生論としてかつてあったエルンスト・ヘッケル（Haeckel, E.）の「反復発生論」である。この考えは、有機体はその進化の全過程を短縮した形で反復するという有名な言葉で表されているもので、フロイトはこの生物進化の考えをそのまま人間の発達原理に当てはめた。彼の初期の代表作である『トーテムとタブー』にあるエディプス学説はその典型的なもので、原父殺しというエディプス・コンプレックスはまさに埋もれた過去からの信号という

心理的シニフィアンの具現化である。フロイトは生物学のメッセージを臆面もなく人間の心的世界に持ち込んで次のように言っている。「遺伝の現象と胎生学の事実において、有機体の反復強迫についての卓越した証拠が存在していることを考えると、それ以上の実例を探す必要はないわけである。動物の胚種は発達の過程において、最終的な形態まで最短の経路をたどるのではなく、発生において通過したすべての形態の構造を（過渡的短縮された形であっても）反復することを強いられるのである」（同上邦訳p.160）。フロイトが胎生学の「事実」と称しているのは、人間の胎児は個体発生の過程では人間の進化の全過程を短縮した形でその全歴史を表現しているという「反復発生論」のことである。明らかに、フロイトは先史時代を現在の人間に持ち込んでいる。しかも、「反復発生論」を自明のこととして機械的にその考え方に依存している。フロイトの考えは、われわれが生きている今という世界がそれとは与り知らない遠い過去の世界で語られたシニフィアンに支配されてしまっているという発想である。人の主体性と自由に対して懐疑的な視線がそこにはある。もちろん、われわれは自己の無意識の世界を完全に統制出来るものではなく、そこに渦巻いている欲動を制御することが出来ないことも事実である。

　だが、われわれは無力なのだろうか。あるいはフロイトが言うように過去を清算することが出来ないのだろうか。「道徳的負傷」とか「道徳的傷つき」と日本語で訳され、Moral Injuryと言われているものがある。これは災害や戦争で亡くなった人を助けることが出来なかったという苦い経験を引きずり、その罪悪感や嫌悪感からストレス障害になってしまうことである。そして、麻薬に走ったり、犯罪行為を繰り返すといったまさに自分の道徳心を傷つけるような行為をしてしまい、それがさらに自分の「道徳的負傷」に追い打ちをかけてしまうというものである。ここ数年は災害救助などに関わった人や不幸にして事件などで重傷者が多数出た時に緊急度に応じて患者を区別する「トリアージ」で決断を迫られPTSD（心的外傷後ストレス障害）になってしまうケースが起きている。このPTSDが自分と他者への攻撃へと向かってしまうことがあるが、それではどうしたらよいかという難しい問題を避けて、ただフロイトが言うよ

うな「反復強迫」という用語や言葉を理解するだけで済むことでは決してないはずである。しかもフロイトが説明するような、われわれには逃れることが出来ないものがあるということだけではないだろう。われわれはただただ自らの過去の「トラウマ」に縛られたままなのだろうか。

たしかに災害や事件等に遭遇したり、経験したことが心に残って、類似した映像等を見てしまうことで「トラウマ」が蘇ってしまうことは多い。「トラウマ」への対処についてはいくつかの実践法も出ている。身近なことでは、それは決して積極的な方法ではないが、例えば東日本大震災で大きな津波が押し寄せてくる映像や、戦争等で多数の人が犠牲になって遺体が放置されている映像をメディア等で放送する時には事前に、これから「○○の映像が流れます」というコメントがテロップで出されることがある。消極的な方法ではあるが、これも「トラウマ」に対する対処法の一つである。あるいは、さらに進んだ治療法の一つに「エクスポージャー法」があり、これはあえてトラウマ体験に向き合いながら恐怖心を乗り越えていくことを目指すというものである。もちろん、そこでは適切なサポートがあることが不可欠であるが、自己自身の中にある「トラウマ」を自分の力で制御していくことがそこで目指されている。言語によって体験した内容を表現していくことも対処法の一つであるだろう。「トラウマ」として抱えてしまったことの多くが生の映像のままでエピソード記憶として蓄積してしまい、そこから避けたい映像が蘇ってしまうことが多い。この映像情報を言語化して、自己の言葉として主体的に語り直していくことで映像情報に一方的に支配されてしまうことに歯止めをかけることは可能である。

「道徳的負傷」に戻って、一つの具体的な実例をあげてみたい。「道徳的負傷」についてその深刻さがより鮮明になったことで取り上げられているのがアフガン戦争から米国が2021年に撤退したことである。この戦争に従軍した米国の人たちが、帰還してから戦地で経験した戦争行為や死に直面する恐怖、そして負傷者を助けることが出来なかったという罪悪感からPTSDになった例が数多く報告されている。「自分たちがやったことは何だったのか」という道徳的葛藤を持ってしまった人も多数にのぼっている。

第3章　ヴィゴツキー・ルリヤの歴史的存在としての人間精神

　一方、アフガニスタンでタリバンと戦闘を交えたアフガニスタン人は米軍が撤退した後はタリバンから攻撃を受けるという立場になってしまった。そこで8万人余りのアフガニスタン人が迫害を逃れてアメリカに逃れてきたが、その支援に関わっている一人の女性がいる。彼女は米軍の文化支援部隊の元兵士で、この文化支援部隊の任務というのはアフガンの女性からタリバンの情報を入手することやテロリストの掃討作戦等にアフガン女性を動員するというものであったが、そこでアフガン戦争の過酷な体験をすることになり、除隊後はPTSDになって、まさに「道徳的負傷」に陥った。米国のために志願して兵士になったが、結果的には何の成果もなく終わったことで、自己を変えていこうとして志願したことが何であったのかという激しい自己嫌悪感を持ってしまった。アルコールに溺れ、警察官に暴力をふるって逮捕されるという事件まで起こして自己を傷つけることを繰り返すことになってしまった。だが、この女性は自らの「道徳的負傷」に向き合いながら、米国に逃れてきたアフガニスタン人の支援に奔走する活動によって自己が抱えた心の傷を自ら回復していこうとしている（NHK BS1「女性兵士たちのアフガン：米帰還兵と特殊部隊FTP」[2023]）。

　アフガン戦争に従軍した米国兵士の自殺者数は通常の戦争による自殺者数よりも4倍多いと言われている（ヴォス, 2019）。戦争はどんな場合でも一人ひとりの人間の心に傷を残してしまうが、同時に自己が抱えた「トラウマ」を乗り越えていこうとする姿はわれわれに決して過去の奴隷であってはならないことを示してくれている。フロイトの言うような「反復強迫」に縛られたままであるとか「死の欲動」の考えは再考しなければならないだろう。

　フロイトの精神分析学が無意識の中にある過去に囚われていることを問題にしたのに対して、過去を清算しながらそこから生きる意味を見出していくことの重要性を説き、「ロゴセラピー」という理論を提唱しているヴィクトール・フランクル（Frankl, V.E.）というもう一人の精神分析理論家がいることをわれわれは知っている。ユダヤ人としてドイツ強制収容所での体験を書いた『夜と霧』(1947)で知られている精神科医だが、彼が強調するのは、人は自分が置かれている状況の中でいかに生き、行動していくべきか、自分に何が出来るか

75

を考えていくことが自己を見失わないためには重要だということである。社会の中で生きている自己、その生きている意味を確認することの大切さを説き、彼はもう一冊の著書『死と愛』（1952）の冒頭で、新しい心理療法として「生きる意味」を確認していくことを位置づけた「ロゴセラピー」を説いている。

（2）人間心理の生成＝運動としての歴史

　人間はその土地に生き、活動している。そして、人間は土地と文化を受け継いでいるその歴史性に支えられている。それは決して抽象的な形では表すことなど出来ない具体的なものである。ヴィゴツキーがいつもこだわったのは自分が生きている場で行われている具体的な活動であり、その心的活動の姿としての具体性の心理学である。

　そのことから彼が目指したのは、人間は歴史の中で生き、生活として行動するという歴史的視点を入れた心理学を創り出していくことである。人間にとっての歴史には二つの意味と次元がある。一つは今という行為を支えている文化とその歴史的な産物であり、それらを創り出していく創造的活動である。文化的道具とヴィゴツキーが言っているものである。もう一つは、今という時間の中で自分を包んでいる長い歴史的時間の中で蓄積されてきた文化的なものであり、人間の活動を方向づけ、日常のわれわれの活動はそれらに支えられている。その代表的なものが、言語とその言語文化である。人間だけが言語を使って文化を継承・発展させてきた。それは個人の狭い経験内容を超えるものを次の世代へと伝えていくことを可能にしてきた。歴史的継承であり、個人の時間単位を超える大きな時間の中に人間は生きていることをそれは意味している。これを人間の独自の進化と呼んでもよいだろうし、歴史的存在としての人間という視点から人間精神をみていくということである。

　ヴィゴツキーはこの二つは切り離されているのではなく、まさに重層的な形になっていると言う。彼の「層理論」であり、これが『文化的・歴史的精神発達の理論』の中の「心理学における歴史的研究」で述べていることである。

第3章　ヴィゴツキー・ルリヤの歴史的存在としての人間精神

ヴィゴツキーの発言をもう少しみていこう。「心理学における歴史的研究」の冒頭で彼は、これまでは歴史心理学を間違った捉え方でみてしまい、歴史を過去のこととしてしまったと言う。だから歴史的に研究するということをあれこれ過去にあったことを研究することであると解釈してしまった。こういった素朴な理解では歴史的研究と現在起きていることを研究することの間を分断してしまっている（英語版p.42）。歴史的事実をただ事実としてみるだけでなく、歴史的なものを背景にしながらそこからどういう新しいことを起こしていくか、あるいは起きているかという視点で論じなければならない。これがヴィゴツキーの言う歴史的研究である。

ヴィゴツキーの研究を心理学では「社会・文化的なアプローチ」と称することがあり、社会学や人類学などでは人間の活動を外的な状況の諸変数との連関の中でみていくといういわゆる「状況論」がある。これらは時にはあくまでも現在の行為展開の様子やその過程に特化して考えてしまっている。だが、現在という行為展開だけに焦点を当てるのではなく、現在行われている行為を歴史的な背景や文脈の中でみていくことこそが人間精神を歴史的にみることなのである。ヴィゴツキーが自らの理論を「文化的・歴史的精神発達の理論」と称したのはそういう意味であった。

「歴史的なもの」を欠落させてしまっては彼の理論の本質を見落としてしまう。彼は現在、あるいは未来に向けての行為と過去の歴史的なものとは連動しているものとしてみていくべきだと言う。彼はこのことを「何か歴史的研究することはそれを運動の中（in motion）で研究することを意味している」（英語版p.43）とも言う。

モノや出来事についてその各段階とその変化を発達の過程として明らかにしていくことでそれらの質が分かるようになる。過去という歴史的時間を含めた連続的な過程とその変化をみていくことが心理学の歴史的研究ということである。ヴィゴツキーはここで「行動は行動の歴史としてのみ理解することが出来る」という言葉を、心理学者であり、また教育学者であるブロンスキーから引用して、変化という過程の中で人間心理をみていくことが重要であること

を指摘する。そして、心的構造は複数の発生的に異なる層を内包しているとも言う。ヴィゴツキーは次のように述べている。発言行動では発達として確定したものが表されているが、外には出ていない内的な状態（これをヴィゴツキーは「パーソナリティ」と称している）は複数の歴史的な時間が層になっている複雑な構造を成しており、そこでは個体発生、系統発生的には原始的な行動であったものがより高次の機能の心的な人格の中に結合している発生的な階梯となっている。行動としてまだ現れないでいる未完成な機能としてみていくことは、心的なものは地層学的な構造になっているとする考えを強く確信させるし、行動の歴史は発生的な枠組みの中でみていくということである。行動として確定した形になっていない未完成な発達の機能水準にあるものは文化的発達の研究によって明らかに出来るし、それらは長い時間幅の中で行われた民族心理学の研究資料と照らし合わせることで行動の文化的発達の研究の体系の中に位置づけることが可能になる。文化的発達の最も早い時期に形成されたものと未完成な状態にある機能とは純粋な形で構造と活動の基本的な原理を共有しており、他のあらゆる行動の文化的形態の原型となっている（以上、英語版 pp.43-44 の要約）。ヴィゴツキーは人間心理が行動として現れてくるまでの内的な過程には過去、現在、そして未来へという歴史的な時間経過が起きているとする。

　「心理学における歴史的研究」は短い文章ではあるが、彼の心理学研究の基本的枠組みとして位置づけることが出来るものである。そして、ヴィゴツキーの発言はこの後展開される彼、そしてルリヤの研究の方向ともなっている。これは次のようにまとめることが出来る。歴史的なものを人間心理の説明として加えるならば、人はどのような文化的環境の中で生きてきたか、その文化的要因とその歴史性をみていくことである。例えば、人間の本質にあるのは象徴能力であり、動物との大きな比較で言えば言語機能だけが人間が唯一持っているものであり、それは文化的存在として人間が長い進化の過程の中で手に入れてきたものである。言語の問題を考えることは人間心理とその働きに歴史的視点を加えて論じていくことでもある。

　ヴィゴツキーは同僚のルリヤと共に文明化された人間と、彼らとは文化的に

違った辺境の地で暮らす未開の人との比較調査を行っている。そこにみられるのは人間心理に作用する文化的要因であり、教育の役割である。同時に彼らは未開の人たちの研究から動物とは明らかに一線を画す人間の象徴行動があることも明らかにしている。それは、人間の独自の特徴でもある教育の作用による発達変化を可能にしている。この後で取り上げるアルセーニエフによってまとめられた未開人についての研究がわれわれに教えてくれるのは歴史的存在としての人間の姿である。

（3）〈制度〉＝人間の中の歴史性と水平−垂直の交配

　メルロ＝ポンティ（Merleau-Ponty, M.）は中期から後期になって研究の重点を身体表現と不可分に結びついた言語活動を記号体系としての歴史性という視点から論じることへ移している。このことを端的に表したのが彼の「制度化」概念であり、これは意味の歴史的生成ということでもある。「制度化」について述べているのが、「個人の歴史および公共の歴史における『制度化』（コレージュ・ドゥ・フランス講義要録1954-1955年度）」（1968）の論文である。彼は、人間の新しい活動は時間的に先行しているものに支えられているが、同時にそれに完全に依存することなくそこから新しいものを創造していく過程があると言う。このように、「制度化」というのは、既存の制度に支えられ、そこから刺激を受けながらもそれらの制度を組み直し、新しく生み出していく創造活動ということである。まさにそれは人間にとっての歴史の本質であり、新しい歴史を創り出していくことである。

　さらに、彼は晩年になると一層、人間精神の背後にあってその活動を下支えしている人間社会と文化の歴史を論じていくようになる。メルロ＝ポンティはノーベル賞作家のクロード・シモン（Simon, C.）の小説を取り上げながら、人間の思考展開には現在の中で展開されている時間の周りに過去の時間がまさに重層的に重なりながら作用していると言う。水平的な次元と垂直的な次元の二つが折り重なるようにしてあるのが人間の時空間の中での営みということであ

る。このことを彼は自らの哲学ノートの中の1960年12月の「『垂直的なもの』と実存」(1964) と、「クロード・シモンに関するノート」(1960-61) という短い論文で述べている。メルロ＝ポンティはコレージュ・ドゥ・フランスの講義の中でシモンの作品を取り上げ、また講義にシモン自身を招いて彼と対話をしている。メルロ＝ポンティはクロード・シモンの作品からは、人間には垂直的次元である歴史の中でまさに「入れ子式」となって過去、現在、そしてこれからの未来へと向かって行く多重の活動が重なり合っていることがみえてくると言う。例えば、シモンの代表的な作品である『フランドルへの道』では、第二次世界大戦でドイツ軍との戦いで敗走をしている主人公の騎兵・ジョルジュが描かれているが、作中では、ジョルジュの父親のかつての仕事やその住まいの様子など時制の異なる出来事が彼の記憶として展開されている。この作品を通してメルロ＝ポンティは人の活動は出来事として起きている全体の中にあり、そして人の活動は歴史的なものがあるからこそ現在と未来という新しいものを生成可能なものにすると言う。このことこそが人間に関する現象学として追究すべきことだとした[1]。ここまでの晩年のメルロ＝ポンティの人間の営み、現象学的行為に嵌入している歴史性を巡る議論は、ヴィゴツキーが「心理学における歴史的研究」で展開したことと重なっている。

3. ヴィゴツキーとルリヤ『人間行動の発達過程』にみる人間の自然

　人間の認識活動に歴史・文化的なものがどう作用しているか、ヴィゴツキーとルリヤがそのことに理論と実証の両面から取り組んだのが『人間行動の発達過程：猿・原始人・子ども』(1930) である。

(1)『人間行動の発達過程』からみえてくるもの

　『人間行動の発達過程：猿・原始人・子ども』は三つの章で構成されており、

第3章　ヴィゴツキー・ルリヤの歴史的存在としての人間精神

　前半の二つの章をヴィゴツキーが書き、次の第3章はルリヤが子どもの発達に
ついて書いている。第1章ではケーラー（Köhler, W.）によって行われたチンパン
ジーの問題解決の行動の研究と人間の知的行動を比較する中で、人間は労働を
通して新しい文化と道具の創造という自然的発達を超えた文化的発達を実現し
ていると言う。第2章では未開の人たちの行動と思考の特徴を通して、人間精神
と思考の文化を超えた共通性としてあるものを論じている。そして、ルリヤが担
当した第3章は子どもの文化的発達とその各段階の特徴についての詳述である。
　ヴィゴツキーとルリヤは三つの時間変数の中で人間行動とその変遷、発達
を論じていこうとした。系統発生、歴史・文化的変化、そして個体発生の三
つで、三つの章もそれぞれに対応している。ルリヤの担当した第3章は、メラ
ニー・クライン等の児童の精神分析についての議論の見直し等もあって最終的
にはかなりの改変が行われた。そのために、幾分時間が必要になって本書は
1930年になって出版されることになった（van del Veer & Valsiner, 1991、p.188の
注記による）。
　実は、ヴィゴツキーとルリヤの人間精神とその発達を系統発生、歴史・文化
的変化、個体発生を三つの時間変数で考えていく発想は、ロシアにおける比較
心理学の創始者であり、進化生物学者のウラディミール・ヴァグネル（Vagner,
V.A.）が唱えた本能による「純粋系（pure line）」と三つの時間変数の機能が関
連している「混合系（combined lines）」があるという考えを参考にしたもので
ある。ヴィゴツキーはヴァグネルの理論を『心理学の危機』の中の「行動の心
理学の問題としての意識」と「心理学の危機の歴史的意味」の二つの論文で何
度も取り上げている。
　ヴィゴツキーは二つの章で人間の発達を人間の歴史・文化的な視点からみて
いくことで三つの時間変数の中での人間行動とその変遷、発達を論じている。
一つは、系統発生的な進化の時間である。猿から人間への系統発生的進化の歴
史と人間が創造した文化による単なる系統発生の時間を超える人間行動の爆発
的な変化の過程である。これが第1章で詳しくみているケーラーの『類人猿の
知恵試験』（1917）で、チンパンジーの問題解決行動と人間のそれとはいかに

違っているかを明らかにしたものである。チンパンジーは手の届かないバナナを取ろうとして、棒を使い、また箱を積み上げて踏み台として使うといった道具の使用によって問題を解決している。だが、彼らの思考は視覚的な状況や構造に支配されていて、決して思考の自由にはなっていない。例えば、棒を使って果物を取ることを習った猿は棒がない時にはわらを使うが、それは視覚的に似ているからである。あるいは、仲間が箱の上に座っていると、この箱を踏み台にして使うという発想が起きない。彼らは「実際的知能（practical intellect）」は発揮出来るが、視覚的なものに支配された「素朴な物理学（naive physics）」による思考の水準に留まっている。

　類人猿は道具を使用するといっても、あくまでも「あてがいぶち」として道具を使っているだけで、道具を自分たちの仕事や活動にとってより便利になるように自らの手で加工したり、新たに道具を作り出すことはしない。ここがチンパンジーと人間の決定的な違いである。人間は道具を創造していくことによって自然を支配することが可能になっている。このことは人間を歴史的な存在としてみていくことと直ちにつながってくる。ヴィゴツキーは人間の独自の発達である文化的発達の問題と、それを可能にしている文化的道具の働きとを合わせて解いていくことを「道具主義による方法」（1930）と呼んだ（「心理学における道具主義的方法」、『心理学の危機：歴史的意味と方法論の研究』所収）。それは歴史的・発生的な方法でもあり、人間は歴史の中で必要な文化的装置を生み出し、それを使いながら文化的発達を実現しているということである。ここで、ヴィゴツキーはフランシス・ベーコン（Bacon, F.）が『ノヴム・オルガヌム（新機関）』（1620）で述べていた、「素手もひとりに任された知性もあまり力をもたず、道具や補助によって事は成しとげられる」（邦訳p.69）という言葉を引用する。人間は人工的な器官、つまり道具を作り、改良していくことで生産力を増大していった。人間は外部手段である道具によって自然を支配していくことを可能にし、猿から人間へと転化していく過程で労働が決定的な役割を果たしている。労働が人間そのものを作り出したということである。

（２）人間は視覚に支配された「素朴な物理学」を超えているか

　ヴィゴツキーは類人猿の問題解決の特徴として、一定程度道具を使った問題解決をしてはいるが、彼らの思考は視覚的な状況や構造に支配されているという「実際的知能」の水準に留まっていることや、視覚に支配された「素朴な物理学」の発想の下で行動していることを述べてきた。それでは人間はこれらの限界を超えているのだろうか。あるいは、人間の発達としてそれはいつから可能になっているのだろうか。ルリヤが担当した第3章の「子どもとその行動」からみていこう。この章では人間発達を動物の延長としての自然的発達から文化的道具を通して文化的発達を獲得したことを乳児期から幼児・児童期までにわたって論じている。そこでは様々な心理機能の発達を言語記号、記憶方法、数の操作や概念といった媒介手段の使用を通して明らかにしている。ここでは前の節で取り上げてきた動物と人間、特に子どもの問題解決行動との違いについてみていこう。

1）動物と人間の問題解決行動の比較からみえてくるもの

　以下はルリヤが担当した第3章の第7節「道具の獲得」についてである。ドイツの心理学者のオットー・リップマン（Lipmann, O.）とハンス・ボーゲン（Bogen, H.）がケーラーのチンパンジーに与えた課題と似たものを子どもに与え、課題の解き方を観察している。彼らはボールを棚の一番上に置いて、道具なしでは取ることが出来ないようにした。彼らは子どもに考える時間を与えないでいきなりボールを取る場合と、行動を始める前に「これからどのようにするか、言葉で説明してください」と求めた場合を比べてみた。後者の質問によって、子どもは棚やボールの位置、ボールと自分の身体との間の距離に注目して、どのようにボールを取ったらよいかを考えるようになった。ここから、類人猿は視覚的なものによって思考が支配されているのに対して、子どもの場合は物を取ろうとした時の体験や自分の身体や腕の長さで考えるという違いがあることが分かった。リップマンたちの研究からは、子どもは言葉で表現する

ことで、類人猿とは違って視覚的な場面から自由になって問題を考えるようになったということである。だが、それでも子どもは言葉によって事前にどう解決していくか行動プランまで描いてはいなかった。その意味では発達初期の子どもは類人猿と似たような物理的状況に基づいた思考であった。

　これに対して、ヴィゴツキーが行った実験では果物をネットで遮断して、この果物に手を伸ばして取るという場面を作った。子どもはリップマンたちの実験よりも年長であったが、この時、子どもはどうすべきか言葉で考えるという行動に出ている。そして周りにいる大人に話しかけるとか、周りを探して棒を見つけていく。子どもは言葉を使ってどういうことをしたらよいか、棒を用いてどのように果物を取ったらよいか、その方法を言葉で考えるという行動に出たのである。

　ここから分かることは、言語という新しい機能が加わることによる変化が起きるためには、外的手段である言語を内的手段へと変えていく意識を持つことが必要である。これがケーラーやリップマンの研究では十分に取り上げられなかったことであった。なお、ヴィゴツキーはゲシュタルト心理学の流れをくむ発達心理学者のリップマンについては『文化的・歴史的精神発達の理論』の複数の箇所で取り上げ、論文「ゲシュタルト心理学における発達の問題：批判的検討」（1934）の中でもふれており、研究の参考にしていた。

　実はこの第3章にあるヴィゴツキーの実験的研究は『文化的・歴史的精神発達の理論』の第9章「ことばと思考の発達」と、『新児童心理学講義』の第2部「子どもによる道具と記号（言語）操作の発達」の第1章「動物心理学と児童心理学における実際的知能の問題」で扱われているものである。「子どもによる道具と記号（言語）操作の発達」はヴィゴツキーが1930年に手書きで書いた原稿で、出版されないまま残されていたものが1984年の『ヴィゴツキー著作集』（ロシア語版）には収められている。ルリヤが『人間行動の発達過程』の第3章でヴィゴツキーが書いていることと同じものを使っているのはどういう経緯によるのかは不明だが、想像するに、二人はかなり頻繁に議論をしながら原稿をまとめており、その意味ではどの章も共同作業でまとめたということだろう。

84

第3章　ヴィゴツキー・ルリヤの歴史的存在としての人間精神

ここからもヴィゴツキーとルリヤは問題意識を共有した親密な研究仲間であったことが分かる。

2）子どもの文化的記憶

　ルリヤは第3章で子どもの外部手段を主体的に利用して文化的発達を実現している例として記銘の発達をあげている。ある年齢になるまでは数字や物の名前を憶える時に紙を使ったり、物の数量を憶える時に紙を破って数を表したり、物を数字の分だけ配置しておくといった補助手段（「計算木」と表現されている）を使わずに機械的に憶えようとするために失敗してしまう。この外部装置を媒介手段として使うようになって自然的発達から文化的発達へと変わっていくのは5、6歳以降であるが、この章ではこれら記憶の発達についていくつかの研究を紹介している。研究の中でも詳しく述べているのがアレクセイ・レオンチェフ（Leont'ev, A.N.）の子どもの記銘の研究で、その一部はヴィゴツキーとの共同研究として行われたものである。レオンチェフの『記憶の発達』（1931）にある研究をみていこう。

　この研究は、与えられた単語を憶える時に補助手段として絵カードをどのように使っているか、その発達変化をみたもので、6、7歳になると単語を憶える時にそれと似たような絵カードを選択して補助手段として使っている。例えば、単語「包丁」の記憶の補助手段として絵カード「すいか」を選んでいるが、両者を機能的関係として結びつけている。このように容易に関係づけられるものがある時には補助手段として使えるが、絵カードの中にこういったものがない時には使うことが出来ない。だが、これより年長の10歳以上の子どもになると憶えるべき単語と似た絵カードがなくても自分で能動的に補助手段として関連づけていくようになる。例えば、「シャベル」という単語を憶えるために絵カードの山の中から「ひよこ」の絵を選択している。そしてこの絵から「シャベル」の単語を正確に想起している。その子は「ひよこはくちばしでシャベルのように地面を掘る」という話を作って、記憶の補助手段として使っている。

このように、「自然的記憶」から「文化的記憶」へと進んでいく人間心理の独自な発達があるが、その文化的発達は単に文化的道具が与えられるだけで可能になるのではなく、主体の能動的な利用が必要だということである。なお、『記憶の発達』（1931）の第1章はレオンチェフの『子どもの精神発達』（1959）の第6章「記銘の高次形態の発達」に収められている。

3）人間心理を機能間の連関としてみる

　ここでヴィゴツキーの「発達の基本的な理論」についてふれておこう。ヴィゴツキーは、言語あるいはそれを含めて広く媒介手段という新しい機能が加わることによって発達変化が起きるが、それが実現するためにはこれらの外的手段を内的手段へと変えていく意識が必要だと言う。

　ヴィゴツキーは人間の精神機能はこれら複数の機能が相互に連関しているとしたが、人間心理をシステムとしてみるということで、彼の「心理システム論」は人間心理の基本にあるものを端的に表現したものである。人間の発達は自然的発達から文化的発達へと進んでいくが、それは決して直線的に一方向で進んで、前の段階にあったものが消失してしまうような形を取ってはいない。これがヴィゴツキーの考えた発達の基本的な図式で、人間の精神は、発達としては下の層と上にある層とは重層的な層構造を成しており、それらは連関し合う複合システムとして機能しているというものである。例えば、しばしばみられることだが、ヴィゴツキーが「3歳の危機」と呼んでいるものがある。既に歩行も完全に出来ている時にその子の下の兄弟が生まれ、親が生まれた子の養育にかかりきりになってしまうと、3歳の子は自分の方に親の注意を向けさせようとするあまり「赤ちゃん返り」をして、歩くことが一時的に出来なくなってしまうことがある。これはヴィゴツキーの言う下層への逆戻りで、元の層へ戻ってしまうようなことが成人の場合にもみられる。彼が「心理システムについて」（1930）で取り上げている統合失調症の発症の場合である。

　彼は、精神障害の一つである統合失調症は心理システムの変容によるもので、高次の機能のところで崩壊が起こり、心理内部にあった下位の機能が出て

きてしまうと言う。統合失調症は出来上がっていた心理システムの一部が崩れて、前にあったプリミティブな生活様式が前面に出てきたことによると言うのである。同じく、言語障害の一つである失語症についても彼は『思春期の心理学』（1930-31）の第3章「思春期における高次精神機能の発達」で、上の層にあった機能が崩壊したことによって生じていると説明している。ヴィゴツキーがここで失語症としているのは、健忘失語、ないしは失名詞失語のことで、対象についての名詞が言えなくなる喚語困難や呼称の障害である。

ヴィゴツキーが健忘失語に注目するのは、名詞の使用は概念形成の過程では高次の抽象的な記号処理の結果によると考えたことによる。健忘失語になった時には「鉛筆」という名詞の代わりに「紙で字を書くもの」といった用途や動作で表現して、いわば概念形成の過程の前の段階の述語や動詞を使った表現に戻ってしまう。だからヴィゴツキーは健忘失語を概念形成の高次機能の複雑な結びつきが弱くなって早期の発生的段階にまで降りてしまうことによると説明している。ここから分かることは、概念的思考の下部構造、あるいは概念的な発達を準備するものとして複合的思考があり、概念的思考の段階になったとしてもその前にあった複合的思考を捨ててしまうことをしないで、いわば「入れ子式の構造」として残しているのである。失語症の問題はルリヤの失語症研究として引き継がれている。これは本書の第6章でみていくことになる。

（3）未開の人たちの行動と思考

ヴィゴツキーは『人間行動の発達過程』の第2章「原始人とその行動」で、未開の地で生きている人たちの行動と思考を取り上げ、現代に生きる人間との違いから人間は歴史・文化の中で文化的発達を実現していることを明らかにしている。彼はпримитивный человек（原始的な、あるいは未開の人間）と表現し、邦訳ではこれを「原始人」としているが、実際に使われている資料からは人類学の調査研究などで指摘されている未開民族の人たちの行動についてであり、正しくは未開人や未開民族とすべきものである。ここでは未開人という表

87

現を用いることにする（神谷と伊藤の2024年の新訳『猿・自然人・子ども：労働と言語の歴史主義心理学』では「自然人」としている）。ちなみに、ヴィゴツキーが「原始人」という言葉を使っているのは、ヴィゴツキーとルリヤが文化人類学者のリュシアン・レヴィ＝ブリュール（Lévy-Bruhl, L.）の考えに影響を受けてのものである。

1）未開人と現代人との連続性をみる

　ヴィゴツキーは第2章で未開に生きる人たちの反応の中に現代人の行動と思考の原点があるという考えを基本に据えて論を展開している。もちろん、今日のわれわれの行動の多くは文化の歴史的発展の中で文化的発達を実現してきており、未開の人とは違うものを獲得している。だが、文化的行動の形態の違いはあっても、人間の行動の根源にあるものは未開の人たちが持ってきたものと共通するところが多い。人類学や民族学研究では、しばしば未開人は論理的な思考を持つことなく、人間以外の全ての事物にも精霊が宿るといったアニミズムの考えや、病や不幸を悪霊によるといった原始的思考が特徴であるとされてきた。レヴィ＝ブリュールの考えもその一つであるが、はたしてアニミズム思考はそれほど前論理的思考なのだろうかという異論がある。例えば、ドイツの民俗学者のリチャード・トゥルンヴァルト（Thurnwald, R.）は、未開人は病気にかかった時には悪霊を追い払おうとして様々な方法を使うが、それは病気を退治しようとして現代人が薬を飲んだりして外にある手段を使おうとすることと同じであると言う。トゥルンヴァルトが言うように、未開人のアニミズム的思考を本当に発達として劣ったものの考え方とするのは近代人の発想であり、未開人と現代人とは共通性があるという大事なことを見落としていると警告する。

　発達心理学の研究でもピアジェはアニミズム的思考を論理的思考に辿り着く前の幼児期の段階としてしまった。これがしばしばわれわれが犯してしまう過ちである。

2) 未開人と現代人の共通性：記号の使用

　未開人と現代人とは行動形態のうえでは違っていても、記号の使用という点
では共通性がある。特に記号の働きの一つである対象への指示機能と指示表出
の仕方に共通のものを見出すことが出来る。例えば、ヴィゴツキーが述べて
いるものに次のような例がある。ある娘が白樺の樹皮に恋人に向けて自分の家
（テント）の所在とそこに向かうまでの地図を表現したものは、相手に向けての
メッセージ、社会的交通という実践的な意味を持つ指示表出である。あるい
は、古代ペルーや他の地域で広くみられるクピプとかキープと呼んでいるもの
は、紐に多数の結び目を作ることで自分の家畜の頭数を示して富の多寡を表す
という指示表出の手段になっている。これは同時に自分の記憶装置としても機
能しており、自己表出の働きもしている。先の恋人への手紙の場合も自己表出
の側面を同時に持っている。

　古代ペルーの部族ではクピプが個人の指示表出や記憶装置の働きを超えて部
族の共通の自発的な表出の機能として使われる場合がある。ここで使われてい
るクピプは、赤い紐は戦争、緑はとうもろこし、黄色は金を示すというよう
に様々な紐の色が特別の意味を表現している。部族の代表者がその土地の様子
や歴史を表現したこのクピプを首から下げて、中央から視察に来た者にはこれ
を示して税の徴収、戦争のこと等を説明するものとして利用してきた歴史があ
る。外に向かって何かを指示することは、相手に何を指示しようとしているの
か、その意味を自己自身でも確認する自己表出でもある。繰り返すが、指示表
出は同時に自己表出の側面を持っているということである。自分の中にある意
識や意味がそこになければ相手に向かって何を指示表出するか確定出来ない。
この二つの側面は同時に起きている。

　ヴィゴツキーもこの種の指示表出とか記憶の手段として使われているものの
最初の目的は社会的なものであり、自分のためというよりはむしろ他人のため
に使用される記号としてあったことを指摘する。この記号が後には自分のため
の記号になっていく（邦訳p.86）のである。このヴィゴツキーの発言は、マル
クス主義的な労働という社会的な活動とそこで使用される道具の役割から人間

精神を論じていくという基本的な枠組みを持ちながらも、同時にこの道具という事物が持っている対象的意味が人間のシンボル活動や意識の生成に作用しているということも示している。ヴィゴツキーが必ずしもマルクス主義では十分に説明されていない部分に焦点を当てたものである。

　シンボルについての哲学的考察で知られているスザンヌ・ランガー（Langer, S.K.）が『シンボルの哲学』（1957）で、シンボルは対象の単なる代理ではなく、対象についての概念（conception）を運ぶものであり、シンボルが直接「意味する」ものは概念であって、事物ではないと的確に述べている（邦訳p.72、一部訳文を変更）。そこには言語的表象を可能にしている人間の独自の発達がある。もちろん、人間の記号の使用の歴史を考えた時に言語という抽象的な表現手段を使う前には事物を使ったシンボル表現があり、そこからの移行として言語的なシンボル表現への歴史があった。次の具体的な例で考えてみよう。

3）「山猫の爪」という記号

　ヴィゴツキーが第2章の第4節で未開人の記憶の例としてあげているのが、極東地域を調査した探検家のウラジーミル・アルセーニエフ（Arseniev, V.K.）が沿海州で体験したことである。アルセーニエフはウラジオストックから出発してハンカ湖までの沿海州の未開の地域を調査していたが、ウスリー地方は複数の少数民族が混在して暮らしていた地域でもある。この調査で出会ったウデへ人がこの地域を支配している中国人のリー・タンクイから搾取され続けている窮状をアルセーニエフに訴えていた。アルセーニエフとウデへの老人たちが夕刻集まって会議をした結果、アルセーニエフがハバロフクスに着いたら、政府に報告し、コサック隊を派遣するように依頼することが決まった。次の朝、調査隊が出発する時、ウデへの人たちは見送りのためにしばらく隊の後をついてきたが、一人の白髪の老人が群衆の中から近づいてきて、リー・タンクイが自分たちを迫害していることを地方政府に訴えることを忘れないようにと、山猫の爪をアルセーニエフに与え、それをポケットに入れるようにと言った（アルセーニエフ, 1921『ウスリー地方にそって』［邦題『シベリアの密林を行く』］の第17

章「最後の道のり」邦訳p.517)。

　ヴィゴツキーはアルセーニエフが体験した、この山猫の爪の話を記憶を補助する技術的道具の例として使っているが、これは同時に山猫の爪はウデヘへの人たちの迫害やその窮状を訴えている事実を表すシンボルともなっている。この対象で表されていることはウデヘの人、そこでの出来事を知ったアルセーニエフだけが共有し得るものであって、あくまでも具体的な事物という状況的な制約の中で機能しているものであるが、シンボル的意味の原初形態は多分にこのような具体的なものを使ったことから始まっている。

　同様のことは、硬貨の原型でもあるトークンでも当てはまる。珍しい貝殻や石などを加工して売買の手段として使われたが、事物によって貨幣的価値というシンボル的意味を表現したものである。これは特定の地域で意味を共有することが出来る限定的な場で了解可能になっているものである。そして、ここから通常われわれが使っている貨幣は使用される空間や時間的な制約を超えて大きな文化的な意味を共通するものへと変化を遂げている。

　先の山猫の爪の場合も文字によって書かれた嘆願状になると、それは時間も空間も超えた意味の共有を可能なものへと変容していく。そこで働いているのは、言語が持っている共有化を可能にする語義（意義）による表現である。その出発にあるのが事物によるシンボル的意味の表現であり、その共有である。そして、そこに今日の私たちが具体的な対象の表現を超えた抽象的なシンボルの世界で活動をしている原初の姿がある。

４．アルセーニエフが語る自然人・デルス・ウザーラの心的世界

　ここでは、アルセーニエフが沿海州の探検旅行に同行して、彼の調査活動を支えアルセーニエフとも親交を深めていった現地の少数民族の一人、デルス・ウザーラ（Dersu Uzala）の思考と行動についてみていこう。

（1）未開人が持っている感覚的鋭敏さと直接的記憶

　ヴィゴツキーは『人間行動の発達過程』の第2章「原始人とその行動」の中の第3節「生物学的タイプとしての原始人」では、未開の人は今日のわれわれとは違った優れた身体能力や感覚の鋭さを持っていると言う。しばしば指摘されているのが未開人に出会った探検家や旅行者からの話で、彼らの視覚や聴覚などの鋭敏さ、小さな手がかりや状況を正確に把握、再現する能力の高さである。ヴィゴツキーが紹介しているのは、アルセーニエフがウスリー地方の探検調査に同行した現地の一人の人間についてである。ヴィゴツキーはこの人物をゴリド族の一人と述べているが、正確にはツングース系の少数民族のゴリド族で、デルス・ウザーラと呼ばれている人物である。アルセーニエフが義勇兵部隊の隊長として沿海州付近の開発調査をしていた時に、ウスリー地方の案内をしたのがデルス・ウザーラである。アルセーニエフがこの人物がみせた様々なものの考え方や行動について書いたのが『デルス・ウザーラ』（1930）である。内容としてはほぼ同じものに1921年の『ウスリー地方にそって』があるが、こちらがもとになっている[2]。

　アルセーニエフの著書には、デルス・ウザーラが自然と一体化して巧みに生きている姿、自然と生きてきた中で磨かれてきた感性と勘を使ってしばしば探検隊を救う様が見事に描かれている。この本では姓のウザーラではなく、名前のデルスが使用されている。アルセーニエフはデルスから密林での生活の仕方を学んだ。だからデルスのような人物とその生き方を伝えたいとして『デルス・ウザーラ』を書いた。そこには自然から学んでいった自然人としてのデルスの知恵と、アルセーニエフがそこで受けた感動が見事に表現されている。この本は1921年に地方のウラジオストックで出版されたために広く読まれることはなかった。だが、この本について作家としては著名なマキシム・ゴーリキーが芸術的に高い価値があるとして紹介したこともあって、1930年にモスクワの国立出版所から再版されロシアで広く読まれるようになった。ヴィゴツキーが手にしたのも1930年版の方である。

92

第3章　ヴィゴツキー・ルリヤの歴史的存在としての人間精神

　アルセーニエフは、デルスの類い稀な能力として動物のわずかな足跡や物音から正確な判断や危険予知をしたり、密林の中を自分たちが辿ってきた道を迷うことなく歩き、あらゆる出来事について順を追って正確に再現したと述べている[3]。

　ヴィゴツキーは次のように指摘している。「文化的人間にとってみれば非常に小さな、見分け難い形跡によって過去の出来事の複雑な光景を再現するこの能力は、旅行者が置かれているような状況の中では文化的人間に比べて原始人に大きな優越性をつくりだし、文化的人間が原始人に大きく依存する状況をつくりだすのである」（『人間行動の発達過程』邦訳p.67）。

　デルスは家族を天然痘で失ってからは、定住することなくシベリアの奥深い森の中で狩猟をしながら生活し、生きる術を身に着けていた。わずかな雲や空気の変化や鳥の動きを見ながら明日の天候を正確に予測していた。森に生きる狩猟民であるからむやみに動物を捕ることをせず、あくまでも自分にとって必要なものだけを捕り、自然環境をいつも敬う精神に徹していた。それは自然と一体になることであった。だから、彼は自然に対してアニミズムの考えや精霊信仰でもって向き合っていた。デルスは地上の全てのものに生命が宿っていると考え、これらを人になぞらえている。野営で焚火をしている時に、木の燃え方が悪いと、デルスは機嫌が悪いと言い、火を指さして、あれも人と同じと言う。北極星を見て、「あれ一番偉い人、いつも一人で立っていて、周りを全部のウイルタ（星）が回る」と言う具合である。あるいは魚が水面から出てきた時にも「魚も人だ。ものを言うが、静かだからわしらには分からない」とも言ったりしている。イノシシやクマに対しても「大きな人だ」と表現したり、「あれは人と同じだ。シャツが違うだけ」とみている。このように彼は周囲の全てを人格化し、時には敬っている。彼の自然観は完全にアニミズムである。

（2）アニミズム的思考・再考

　近代社会で生きている人間の発達として、アニミズム的思考はあくまでも自

分の視点からしか世界を解釈しないものとされている。その典型的な発達観が
ピアジェの自己中心的な思考であり、アニミズム的思考である。そこでは、発
達段階としては幼児期に属し、論理的に物事を考えることをしない幼稚なもの
だと説明している。このような解釈の仕方は、近代合理主義の下で世界を論理
によって客観的に捉え、また世界を支配することを目指すものである。だが、
私たちは自然の中で生きていくということでは、ロゴスとは別のもう一つの
ピュシス（自然）の一部であるという発想に立つならば、アニミズム的なもの
の考え方は自然との関わり方として決して前・論理的なものではなく、別の形
の論理的な考え方である。だから、デルスのような自然環境の中で活動してい
る者にとっては、きわめて正しい自然との関わり方であり、優れた適応能力を
持った生き方でもある。

　今は、ピアジェが示した人間発達のモデルはあくまでも近代合理主義社会で
みられることであって、文化環境が異なると彼の発達モデルに当てはまらない
ことを知っている。だから、ヴィゴツキーは、未開人と近代人であるわれわれ
との違いはあくまでも文化環境の違いによるもので、決して彼らの生得的な能
力や生物的タイプの違いなどによるものではないと正しく指摘している。この
ヴィゴツキーの発言はピアジェの普遍的な発達論や行き過ぎた「エスノセント
リズム（ethno-centrism）」が問題にされるはるか前に出されたものである。こ
れはもう一つのヴィゴツキーのピアジェ批判であるが、そこには社会と文化の
中で人間の発達を論じていく姿勢が明確に表れている。ヴィゴツキーのピア
ジェ発達理論批判については後の第5章で詳しくみていく。

（3）直観と具体の世界で生きた人の苦悩

　再度、デルス・ウザーラの世界に戻ってみよう。われわれは近代的な理性主
義の下で抽象的な世界の中で生きている。これとは対比的な世界で生きてきた
のがデルス・ウザーラであった。それがために彼は最後には悲しい結末を迎え
ることになった。以下は長谷川訳、東洋文庫版からのものである。

デルス・ウザーラはアルセーニエフの極東地方の調査に何度も案内を務め、行動を共にしている。この調査旅行中では狩猟民としてのデルス・ウザーラは食料を手にするために自ら獲物を手に入れようとして狩りをしている。だが、自分の視力の衰えのために獲物を撃ち損じることが起きてしまった。視力の低下は狩猟をしながら森の中で生きていく人間にとっては致命的な弱点になっていた（第18章「デルスウ・運命の射撃」）。アルセーニエフはデルスが森の中で一人で生きていくのは難しいと判断して、旅が終わるとアルセーニエフのところで一緒に暮らすことを提案し、デルスもそれに従い、ハバロフスクで生活を始める（第24章「デルスウの死」）。だが、デルスにとっては街で狩猟をすることも禁止され、水や薪のためにお金を払うといった当たり前のことも彼はなぜお金を払う必要があるのかと理解出来なかった。森の中で自然人として生きてきた人間にとって街で暮らすことは出来ないと彼は判断し、森に帰ることを決心する。自分の部屋から静かに抜け出し、森へと帰っていった。

しばらくしてアルセーニエフに彼の名刺を持っていた人物が他殺体で発見されたという知らせが届く。デルスにアルセーニエフの住所やその裏にはデルスがどういう人物であるかを書いた名刺を渡しておいたのだった。デルスが持っていた銃を奪うためにロシア人たちに殺されてしまった。アルセーニエフにとっては狩猟民が森の中で生きていくためには不可欠な銃のために殺されしまったという友人の悲しい出来事に呆然とするだけだった。ここにはアルセーニエフとデルスの友情とその結果として、デルスの死を招いてしまったという一種のペシミズムが表れている。

5．具体の世界から抽象の世界へ、そして抽象に豊かさを与える具体

ヴィゴツキーは人間精神の原初にあるものは個別の対象との関わりの中で展開していく具体的な思考であり、自然的発達であるが、同時に人間は文化的なものに支えられながら個別具体を超えた抽象的な世界の中で考え、行動してい

く方向へと進んでいくとする。ここでは個別具体の世界で生き、考えることの長所と短所について考えてみよう。

ヴィゴツキーは今日のわれわれが文化・歴史的なものに支えられて実現してきた発達の姿と未開人のそれとは違う側面があると言う。例えば、未開の人は個々の具体的な事物に対応する形で単語を使って表現しており、土地や樹木、動物などもそれぞれ個々のものに対応させて細かく単語を区別して表現している。ヴィゴツキーは『人間行動の発達過程』では次のように言う。「この語彙の豊富さは、原始人（未開人）の言語が具体的でそして正確であることに直接依存している。彼の言語は彼の記憶と彼の思考に相応している。彼は自己の経験全部を記憶しているのと同じように正確に映し出し、そして再現する。彼は文化的人間のように、抽象的に、また仮定的に表現することができない。それ故、ヨーロッパ人が一つか二つの単語を使うところで、原始人は、ときには10の単語を使う」（邦訳p.90）。ヴィゴツキーは、未開人が細かな事物を丸ごと憶えているという彼らの記憶はイエンシュ（Jaensch, E.R.）が指摘している直観像的形態ときわめて近いとも言う。

このような未開人が見たことをそのまま感光板に描写したり、記憶することは長所でもあり、また同時に短所にもなっている。彼らの言葉は事物から分離することなく、直接的な感覚印象と強く結びついたものになっている（同上邦訳p.91）。だから、ヴィゴツキーは次のように指摘する。未開人はわれわれのような概念を持っていない。彼らは抽象的な類的ものを示すような名称には関心を払っていない。彼らは言葉をわれわれとは違った別の方法で用いている。それは彼らの思考様式の特徴となって表れている。未開の人たちに共通にみられる複合的思考である。彼らの言葉は個々の事物の記号や、それらの複合体を表す記号となっている。われわれの概念による思考とは異なっているところである。ヴィゴツキーは、彼らが事物や対象を概念ではなく、複合を使って捉え、理解していることを次のように指摘している。概念とそれによる概念的思考では、犬や鶏といった抽象化された共通の本質的な特徴でまとめるのとは違って、複合的関係と複合的思考では個々の事物が実際に関係としてそこにあると

96

いう事実からいわば偶然、恣意的にまとめてしまっている。家にいる犬、鶏を一つにまとめてしまうのである。未開の人は具体的な事物を通して実際の関係に注目するために、概念ではなく複合の中で考えてしまう。ここが、われわれが使っている概念や思考と未開の人たちのそれを区別する最も基本的な違いである。

ヴィゴツキーは、子どもの発達過程を未開の人たちに特有の複合的な概念や複合的思考の段階を克服して、抽象的な思考を可能にする真の概念へと進んでいく文化的発達として描いている。いわば、未開の人たちがみせる歴史・文化的特徴は子どもの文化的発達という個体発生の次元での変化の中で再現されている。文化的発達とその発達過程についてヴィゴツキーは次のようにまとめている。「思考の発達における基本的な進歩は、固有な名称としてのコトバの使用の第一の方法から、コトバが複合の記号となる第二の方法への移行であり、そして最後にコトバが概念の形成のための道具あるいは手段となる第三の方法への発達が人間の言語の発達の歴史ときわめて密接な関係を示している」（同上邦訳 p.101）。

ヴィゴツキーとルリヤ、二人の手になる『人間行動の発達過程』は今日でもなお、人間精神を論じていくうえでの重要なメッセージをわれわれに与えてくれている。具体と抽象の二つの世界を相互排他的なものとしてみてしまうとか、一方を捨てて他方に移っていくといった視点は持つべきでないということである。そうではなくて、具体的な活動の持つ豊かさが抽象の世界に力を与えているとすべきなのである。

注

〔1〕メルロ゠ポンティがクロード・シモンの作品を通して人間の生に関わる垂直的次元という時空間について論じていることは、篠憲二の『現象学の系譜』（1996）の第5章「垂直的

可知性へむかって：メルロ＝ポンティとシモンのポイエーシス的現象学」、澤田哲生の『メルロ＝ポンティと病理の現象学』（2012）の第3部第4章の「文学表現における病的現象：メルロ＝ポンティとクロード・シモン」が参考になる。

〔2〕『デルス・ウザーラ』の翻訳としては、長谷川四郎の訳（1953, 1965）と安岡治子による訳（2001）があり、また黒澤明監督がロシアの俳優を使って現地で撮影をして作った映画作品の『デルス・ウザーラ』（1975）がある。この黒澤の作品は第48回アカデミー賞の外国語映画賞を受賞している。アルセーニエフ著の原題は*Дерсу Узала*で、長谷川訳ではロシア語をそのまま日本語表記にして『デルスウ・ウザーラ』としている。その他の日本語表記として、デルスー・ウザーラ、デルス・ウザラ、デルス・ウザラーとするものがある。ここでは長谷川訳について言及しているところ以外は広く使われている『デルス・ウザーラ』を用いる。

〔3〕アルセーニエフの作品では、次のように書かれている。現地で調査が二手に分かれて行われ、デルスが一人で先発隊の後を追う形になっていた。アルセーニエフはデルスが追いつかないのではないかと心配をしたが、デルスは歩いた足跡を見ていくから大丈夫だと笑って答えた。「実際、デルスは我々に追いついた。彼は我々一行に起こったことを、足跡からよく知っていた。我々が休息した場所を、彼は見ていた。また、我々が一ヵ所に長く立っていたことを知っていた。それはちょうど小路がきれた場所だった。そこでは私がほうほうの方向へ道探しに人をやったことを彼は見ていた。ここでは兵士の一人が靴を変えた。また地上にちらばっている血のついたほろ切れや綿屑から、誰かが足に怪我をしたことも彼は見てとっていた。私は彼の観察力には慣れてはいたが、兵士らにとってみるとそれは意外な新発見だった。彼らは驚き、めずらしそうにゴリド（デルス）に目を見張っていた」（長谷川訳、東洋文庫版p.27）。

第4章

ルリヤとヴィゴツキー
『認識の史的発達』のメッセージ

　この章では、ルリヤの『認識の史的発達』をみていく。この著書は1974年に出されているが、この著書のもとになったのは1931年と1932年の間に中央アジア・ウズベキスタンで行われた調査研究とその結果である。この研究は今日で言うエスノグラフィー研究で、文化心理学の先駆けとなったものでもある。ヴィゴツキーとルリヤが人間精神について歴史・文化的な視点から論じていくとした歴史というのは、人間の行動と心理は歴史的なものを背景にしていること、人間の歴史的存在という事実から研究を出発していくことである。そして、このことを中央アジアのウズベキスタンに生き、活動している人たちの調査を通して明らかにしていこうとした。

1. ルリヤとヴィゴツキーのウズベキスタンにおけるフィールド研究：人間心理の歴史性

（1）ウズベキスタンの調査研究の概要

　この調査研究はヴィゴツキーとルリヤが中心になって計画され、ヴィゴツキーは調査が始まる前の1929年の春にウズベキスタンのタシュケントで数回にわたっての研究計画などを説明し、現地調査の下準備をしている。実際の調査はルリヤが組織して行われたが、その調査報告はルリヤが現地での調査期間

中に手紙の形でヴィゴツキー宛に送られている。この報告内容についての検討会も2回にわたって行われている[1]。研究のまとめは調査されたすぐ後にルリヤによって行われたが、この研究がまとまった形で出版されたのはずいぶん後の1974年になってからである。

　調査対象になった人たちとその特徴を先に確認しておこう。この調査には五つのグループに分けられる人たちが参加している。僻村でイスラム教の伝統に従って生活しているイチカリと呼ばれる人たちで、集団の部屋で過ごし、社会生活に参加していない女性たち、農村で個人の農業活動をしている男性たち、幼稚園教師の養成の短期講習に参加している女性たち、ソビエトで作られた集団農業生産（コルホーズ）に従事している男性たち、そして学校教育を数年間受けている女子学生たちである。最初の二つのグループは読み書きができず、3番目と4番目のグループも読み書きが多少出来る程度、そして最後の女子学生は読み書きの文化に接している人たちである。ここには文化的背景や文字の読み書き能力、教育経験の長短による違いがあった。

（2）認識形成とその文化依存性

　この調査で明らかになったことは、比較的長く学校教育を受けていた人たちを除いて、調査に参加した人たちの多くが調査課題で示した反応は、課題を直観的に捉えたり、彼らの具体的な経験に基づいた思考をするというものだった。例えば、図形や色の知覚では、自分の身の周りにある事物に当てはめて知覚している。円や三角形の幾何学図形も彼らは通常受け止めるような円や三角形とはみないで、自分が身に着けている「お守り」や、指輪、ブレスレットを表すものとしている。そこではゲシュタルト心理学で言うような全体の特徴として物を見るという知覚法則は当てはまらない。これに対して、コルホーズで仕事をしている男性たちの場合は色のカテゴリー的な名称を使っており、グループ間の違いはあった。円や三角形といったカテゴリー的名称で名前をつけて物を捉えているのは学校教育を受けた人たちであり、そこには学校教育によ

100

第4章　ルリヤとヴィゴツキー『認識の史的発達』のメッセージ

る影響がみられる。

　概念的理解やカテゴリー分類で明らかになったことは次のようなことである。現地で生き、生活している人たちはものの見方が具体的な経験に依存しており、概念以前の段階に留まっている。彼らに毛糸の色の分類をしてもらうと、学校教育を十分に受けていない人たちはカテゴリー的な色の名前ではなく、自分たちの身近にある事物についている色でその名前を理解し、表現していた。例えば、サクランボ色とかスミレ色といった名前をつけて似た毛糸の色を一緒にしている。コルホーズに参加している男性たちは赤、青といったカテゴリー名で色の分類をするようになっていた。

　ウズベクの人たちの中には抽象的概念や範疇的思考で概念の分類をしない人たちも相当数いた。分類の課題で抽象的カテゴリーを使わない人たちは、実際の生活の中で使うことが出来るという実践的な機能で事物を一つにまとめている。例えば、「ハンマー、のこぎり、丸太、なた（まさかり）の三つで似ているものはどれか」を尋ねてみると、「みんな似ている。木を切るのにはそれらが全部必要だ」と言ったりする。このような直観や現実の場面に基づいた思考は実践的活動によるもので、ここから概念的思考へと移行していくためには論理的思考を促す教育が必要になっている。調査グループの中でも数年間の学校教育の経験がある人たちは概念的カテゴリーで事物を分類し、論理的な思考を展開していた。コルホーズの集団農業を経験している人も、抽象的な概念を理解するのは苦手であったが、コルホーズのことに限定した内容になると抽象的な内容を理解していた。協同組合を「製品とか衣料品についての国営機構で、必要な時、その不足があった時には保障してくれるもの」であるとか、「協同組合は人々に社会性をもたらしたし、住民を保障するものだ」と説明しているが、このような特定のものに対しては、一般的な論理的カテゴリー、ヴィゴツキーの言う科学的概念を用いている。ここには彼らが生活経験に関わる部分という限定の中ではあるが変化が起きていた。

　推論の仕方でもその反応結果は同じであった。教育経験のない人の場合は三段論法とは全く無縁な思考の仕方をしていた。論理的な推論過程は、われわれ

101

の狭い範囲の直接的経験や事物に対する直観に縛られることから解放してくれるということである。それを可能にしているのは、言語的・論理的コードを習得していくことである。当然、辺境の地に住み、学校教育の経験のない読み書きのできない人はそのハンディを負ってしまうことになる。彼らは三段論法の課題を前にして、次のように答えている。「綿は暑くて乾燥した所だけに育つ。イギリスは寒くて湿気が多い。そこでは綿は育つだろうか？」という質問に対して、「分からない。私はカシュガルにしか居たことがないからそれ以上のことは分からない」と答える。別の質問でも、「雪の降る極北では熊は白い。ノーバヤ・ゼムリヤーは極北でそこはいつも雪がある。そこの熊は何色をしているか？」にも、「いろいろな熊がいる」と言うだけである。このように、三段論法から結論を出すことを拒む人たちの推論の基本にあるのは、自分たちが直接、経験したことで物事を考え、判断していくということである。見ることが出来ないものは思考の範囲の外に置いてしまっている。このようなグループの人たちとは対比的に教育を受ける機会を持った人たちは三段論法で考えることが多くなっていた。

（3）自己意識と社会的関係の理解

　ウズベクの人たちは自己を意識しないまま生活している人が多いのも特徴であった。彼らは他者との社会関係の中に自己を位置づけ自分のことや自分の性格特徴を意識していないことが多い。関心は他者との関係にもっぱら向けられて、集団としての日常の活動が関心の対象になっていた。コルホーズで活動したり、学校での経験が長い人は他者との違いを通して自己や自分の性格を意識するようになっている。

　このように、ルリヤとヴィゴツキーのウスベキスタンにおけるフィールド研究で明らかになったことは、身近な経験による具体の世界で生きている人が多いということである。ヴィゴツキーとルリヤは辺境の地にある人たちがみせる現実的な経験に基づく認識は、彼らが生得的に劣っているといったことではな

第4章 ルリヤとヴィゴツキー『認識の史的発達』のメッセージ

く、文化・歴史的なものを背景にした文化的実践によるものだと結論している。つまり、民族の人種的差異などではなく、植民地政策による文化的疎隔といった文化・歴史的なものを背景にして生じたものである。

（４）『認識の史的発達』が持っている意味

　ヴィゴツキーが指摘しているように、自然的発達を文化的発達へと変え、そして人が抽象的にものを考えて一般化の方向へと思考を展開していくためには歴史的・文化的な力、その中でも教育が必要だということである。

　だが、この著書では教育改革に思ったほどの効果がないという結論が書かれており、ソビエト政権にとっては都合の悪い内容であったために出版は止められてしまった。最終的にこの著書が日の目を見るのは、先述のようにずいぶん後の1974年である。この調査報告がどうして40年もの長い間出版されないままになっていたのか、その経緯についてフェールとヴァルシナーは『ヴィゴツキーを理解する』（1991）で次のように述べている。ヴィゴツキーとルリヤの研究に批判的な考えを持っていたラズムィスロフ（Razmyslov, P.）が、雑誌『書籍とプロレタリヤ革命』（1934）でコルホーズ・農業生産に参加していた人たちの認識能力を正しく評価していないことで調査結果にはバイアスがかかっていると批判した。この調査結果でコルホーズにおける活動がそこに参加した人たちの抽象的なものの考え方を促すことには有効ではなかったとした結果はソビエト政権にとっては都合の悪いことで、それが出版を禁止した理由であった。ここで指摘しておくべきこととして、ルリヤ自身はコルホーズ・農業生産の考えに決して否定的でなかったし（van der Veer & Valsiner, 1991, p.255）、そのことと調査結果とは別のことであった。

　『認識の史的発達』の英語版の『認識の発達、その文化的・社会的な創設（*Cognitive development: its cultural and social foundations*）』（1976）の序文でコールが述べているが、ルリヤとヴィゴツキーによる中央アジアにおける研究はその後の比較文化研究の先駆けになったものであり、文化による知的行動の違いを

103

考慮した比較文化研究が広まるきっかけを作ったということである。

　マイケル・コールは欧米にヴィゴツキーの研究を広めていく大きな役割を果たし、自らもヴィゴツキーとルリヤの理論を基礎にした「文化心理学」を提唱しているが、彼はルリヤが存命中に留学をして直接ルリヤから指導を受けている。コールはルリヤと一緒に『認識の史的発達』が出される前の1966年に中央アジアの調査研究の資料を再吟味する作業を行っている（コール『文化心理学：発達・認知・活動への文化・歴史的アプローチ』[1996]、邦訳p.145）。その後、コールは『文化心理学』(1996)でルリヤの比較文化研究を何度も取り上げており、コール自身はその後アフリカのリベリアでのフィールド研究を行っている。その手本になったのがヴィゴツキーとルリヤのウズベキスタンの研究であった。

2. 文化的発達論の拡張

　ここでは、ルリヤから直接指導を受けてヴィゴツキーとルリヤの考えを欧米に広げていくのに大きな役割を果たしたコールの研究をみていこう。コールによってヴィゴツキーの文化的・歴史的な精神発達の考えは心理学と人間発達についての「世界標準」と言ってもよいものにまでなった。

(1) コールの文化心理学

　欧米におけるヴィゴツキー研究を牽引してきたコールにとってユネスコから委託を受けて行ったリベリアの教育改革の仕事はリベリアに住む現地の人の認識形成についての歴史・文化的研究を進めていく機会となった。その研究はこれまでみてきたヴィゴツキーとルリヤのウズベキスタンにおける認識発達の歴史・文化的研究を手本とするものだった。ヴィゴツキーとルリヤの研究によって分かったことで重要なことは、当時のソビエト政権はソビエト連邦に所属し

104

第4章　ルリヤとヴィゴツキー『認識の史的発達』のメッセージ

ている周辺諸国の近代化を進め、集団農場政策を実現するために教育改革をいわば上から導入していったが、その土地に住み、そこでの歴史・文化の中で作られてきた社会・文化的基盤を無視するような形のロシア化は十分な効果は得られなかったということである。コールもこの教訓を受け継いだ。いわばウズベキスタン研究からリベリア研究へという研究の継承と新しい展開である。

　コールは一連のリベリアの研究を通して「文化心理学」を提唱しているが、彼がウズベキスタンの研究から学んだことは、その土地に特有の文化とその歴史はそこに住む人たちの日常の実践を支えているということであり、この実践活動とその過程から人間心理とその活動を解いていくということであった。コールはそのことを「文化的実践（cultural practice）理論」として提唱している（コール, 1996）。文化の働きをどのように考えていくかということだが、コールが実践したのは文化の問題を文化「間」（between cultures）の比較研究としてではなく、人間の精神活動とその発達にどう作用しているかを文化の中に入って探るという文化「内」（within culture）として研究することであった（Cole, 1990）。前者のような研究はこれまでの比較文化研究で広く行われてきたもので、未開民族と文明化された民族とを後者の人たちの結果を基準にして比較するというものであった。これらの研究からは未開民族が発達として劣っているかのような結果が導かれることが多かった。ある文化という文脈の中でどのような精神活動を営んでいるか、その文化的実践は特定の文化的文脈の中ではじめて意味を持ってくるのであって、文脈を無視して文化的優越性を一義的に決めることは出来ないということである。だから特定の文化の中に入ってその意味を具体的な実践からみていくことが重要なのである。

　コールのこういった「文化的実践」の考えからすると、ヴィゴツキーとルリヤがウズベキスタンで行った調査は、ロシアという文明化された社会における人間精神とその発達を計る「物差し」をそのまま用いている。そこでは当然、一部の現地の人たちがみせた心理的反応の特徴をロシアの人よりも論理性が劣っているという視点で解釈してしまうことになる。このようにコールは生態学的な視点からルリヤとヴィゴツキーのウズベキスタンの調査を乗り越えてい

105

こうとした。

（2）リベリア・クペレ族の認識研究

　コールたちのリベリアでのフィールド研究を最初にまとめたのがコールと
ジョン・ゲイ（Gay, J.）で、ゲイはリベリアのモンロビアの大学教員であっ
た。その他、米国の二人の心理学者、グリック（Glick, J.A.）とシャープ（Sharp,
D.W.）も加わって行ったのが、クペレ（Kpelle）族についての研究である。こ
れが土着民・クペレ族の中でも中央リベリアに住む人たちの子どもと成人の
認識活動についての民族誌的研究で、『学習と思考活動の文化的文脈（*The
cultural context of learning and thinking*）』（1971）としてまとめられた[2]。彼らの
研究は民族誌的アプローチと実験的アプローチを組み合わせた「実験人類学
（experimental anthropology）」と称しているものである。

　彼らの研究の出発点にあったのは、クペレ族の子ども、そして大人の記憶や
分類課題、推理課題をこれまでの西欧の研究で用いられてきたものを使って比
較するのではなく、彼らの日常の文化的文脈に合うような課題に直したもの
で、よく言われる「生態学的に妥当（ecologically varid）」な課題を用いながら、
彼らの能力を正当に扱っていくということであった。このコールたちによって
まとめられた『学習と思考活動の文化的文脈』ではクペレ族の認識能力とその
特徴について多数の課題を用いながら研究しているが、この研究でクペレ族の
人たちの活動を文化的・歴史的背景という文脈の中で考えることを可能にした
のには地元のリベリアで研究活動をしているゲイが参加したことが大きかった。

1）クペレ族がみせる記憶課題の反応

　『学習と思考活動の文化的文脈』の著書は大部で、多岐にわたっているが、
彼らが行った研究の主要なものを紹介しているのが3年後に出したコールとス
クリブナー（Scribner, S.）の『文化と思考（*Culture & Thought*）』（1974）で、こ
の著書では主に第5章以降でリベリアの研究で明らかになったことをまとめて

第4章　ルリヤとヴィゴツキー『認識の史的発達』のメッセージ

紹介しており、詳しい研究内容と結果は『学習と思考活動の文化的文脈』で示されている。ここでは、『学習と思考活動の文化的文脈』で取り上げているクペレ族の認識活動について主なものをみていこう。

　第3章の「分類」とタイトルが付けられたところで、記憶研究でよく用いられる自由再生課題では、クペレ族の人たちは記憶成績が低いという結果になったが、彼らには記憶しようという意図そのものがないのではと疑われたりした。だが、記銘対象をカテゴリー毎にグループ化して憶えていけるように、四つの椅子の上に置いてそこにあるものを想起する課題に変えてみると、彼らはカテゴリー情報を使って記憶することが可能になった。彼らにとって、単語のリストを憶えるといった課題は日常的にはなじみのないことであった。

　あるいは.第4章の「分類・学習・記憶」の中では、報告されている実験的研究の一つで、第3章で用いた単語のリストを憶えていく時に物語の中にそれらを入れ込んで憶えるような課題にしてみると、カテゴリー化による記憶が行われるようになった。例えば、部族の長の娘に求婚をしてその贈り物に記憶すべき単語を物語にして当てはめるもので、衣類、食料や道具といったカテゴリー毎にまとめたものを贈り物のリストにする場合はそれらのカテゴリー毎にまとめて記憶していくという群化が起きていた。彼らの文化習慣に沿うような物語の中に記銘材料を埋め込んでいくことが記憶を容易にしていた。

2）クペレ族の分類行動

　コールたちはクペレ族の子どもたちに記憶課題だけでなく、図形の分類課題を与え、分類能力をみている（第5章「物を対象にした分類と学習」）。子どもたちに色、形、数の3種類を組み合わせた図形を対にして提示して、「当たり」のカードはどちらの方か（三つの青い丸対二つの赤い三角形）を推測させるというものである。例えば、実験者が青色を正解にした場合、形や数は関係なく青色を選ばなければならないが、子どもは何が正解の属性になっているかを実験者の成否反応を通して何回の試行で気づくことが出来るかというものである。色の属性を正解にした場合はクペレ族の子どもたちで読み書きが出来ない場合で

107

も比較的容易に気づくことが出来ているが、形や数の属性が正解の手がかりになっている時には年少（6歳から8歳）で読み書きの出来ない子どもはかなりの試行を繰り返してようやく正解の属性に気づいていた。正誤の反応を通して正解の属性を推論していくことが、読み書きが出来ない場合には特に抽象的な数や形については難しくなっているということである。これと同様の結果はケンドラー夫妻（Kendler, H.H. & Kendler, T.S.）が作成した「逆転移行課題」でもみられたということである（第5章のp.153以降）。弁別課題の第1次訓練試行で、大きさを無視して黒色の図形を間違いなく選択するまで反復学習した後、次の移行課題では白色の図形を正解にしている。この変化（移行）に気づく、つまり正反応をすることが出来るためには、これまでの研究からは色次元内での移行で黒色の次元から白色の次元に変わったという概念内での移行が出来ることが必要で、それが容易になるのは言語的概念を使って判断していくことが可能になる4、5歳児からである。クペレ族の子どもたちの場合は6歳から8歳の子どものグループだけでなく、9歳から12歳の上の年齢の子どものグループでも読み書きが出来ない子どもの場合は逆転移行の反応が少なくなっている。同じ9歳から12歳でも学校に通って読み書きの学習をしている子どもたちのグループは同じ色次元の中での変化に気づいて逆転移行の反応が多くなっているという結果であった。このことから、読み書き能力の獲得が概念を必要とする課題の達成には不可欠であって、これまでの多くの研究で言われているように学校教育の中でも特に読み書きの学習が文化的発達にとって不可欠であることが再確認された。

3）クペレ族の推論能力とその特徴

　クペレ族の人たちの推理能力を調べる方法して最初はケンドラー夫妻が作った「逆転移行課題」の装置を用いたが、成人も子どもも正答率はかなり低かった。この装置は三つ箱に付けられたボタンの一つを押しておはじきをあらかじめ手に入れておき、このおはじきが入る箱の中に入れることによってあめ玉を手に入れるというもので、二段の推論が必要になる。この推論課題のための装

第4章　ルリヤとヴィゴツキー『認識の史的発達』のメッセージ

置はクペレ族の人たちにとっては課題にどう取り組んだらよいか理解すること
が出来ないもので、装置そのものがどういうものかを探るといった課題とは無
関係なことを調べてしまうような始末であった。そこで、同じような二段の推
論を求める課題を、箱を開ける鍵といった彼らにも身近な課題に変えてみると
格段に成績は向上する結果になった。このことは、コールが強調しているよう
に、日常の文化的背景と実践内容を無視する形で課題を用いて彼らの認識能力
を調べることは不当に過小評価をしてしまう過ちを犯してしまうことを如実に
語っている。

　同じように文化的文脈を考慮していくことが必要なことは、クペレ族の人た
ちの言語的な推論能力を調べるために彼らにとってなじみのある民話形式にし
て調べたものでも明らかになっている。論理的な三段論法の課題では学校教
育の経験のない人は正しく結論を推論することはなかった。例えば次のよう
な課題である。「FlumoとYakpaloの二人の男のどちらかがサトウキビで作っ
たラム酒を飲むと、村長は腹を立てます。Flumoはラム酒を飲んでいません。
Yakpaloはラム酒を飲んでいます。では、村長は腹を立てますか？」この問題
にクペレ族のある人は「二人に腹を立てている者などはいない」と答え、論理
的推論の問題としてではなく、現実の社会的な場面を想定して答えたり、この
村で酒を飲んで喧嘩をするような人間を村長は好きになれないからだと結論し
ている。ここから示唆されるのは、三段論法の形で推論をすることは限定的な
ある文化的文脈の中でしか必要とされないということである。

　同じような三段論法の課題を民話の形にした場合には、クペレ族特有の考え
方で推論をしており、彼らが決して推論能力がないといった結論を出すことは
出来ないことも明らかになっている。FlumoとYakpaloが村の娘に結婚を申し
込むために贈り物を持ってきたが、それはお金と病気の二つだった。そこで、
Flumoはお金と病気をあげると言い、Yakpaloはお金か病気をあげると言った。
父親の男が娘をあげたのはどっちの若者の方だろうか。こういう課題では害の
少ない方を選ぶのが論理的には正解になるが、クペレ族の人たちはこの種の問
題ではどちらかを選ぶことを避けるという傾向があり、その結果だけからする

109

と論理的な能力が低いことになってしまう。だが、ここでも彼らのものの考え方は三段論法的な推論とは別の形の論理で物事を考えているとなると、彼らに論理的な推論能力がないといった結論を出すべきではないということになる。

4）クペレ族の認識能力の有能性

　コールたちの言うリベリアにおける実験人類学研究、それは民族誌的研究でもあるが、その出発点にあったのは、クペレ族の人たちは決して知的に劣っている訳ではないことを彼らの日常の生活の活動を観察する中で確認していくことであった。

　農耕民族であるクペレ族の人たちは自分たちが収穫した米を正しく計量して仲買人と売買するための計量システムを持っており、決められた量を正確に測るための共通の「コピ」と呼んでいる計量コップがあり、この最小単位に当たるものが24杯で次の大きなバケツに入る「ボケ」の量になり、2ボケ（バケツ2個）で大きな袋の量のティン1個に相当するというように、西欧で使われているのと同じような計量基準が確立していた。最小単位となっているブリキの計量コップにはもう一つ、上げ底になっているものがあり、米が不作で十分な収穫が得られない年には仲買人から逆に米を買うということが起きることがあるが、その時に使うのがこの「上げ底」になった計量カップである。もともと仲買人に売った米の量よりも少ない分量で買わなければならないが、「上げ底」分の米の分量が仲買人の中間マージン、収益となっている訳である。ここには米の売買をめぐる実に正確な計量規則が確立し、それに従って売買が行われている。

　他方、自分たちの畑の大きさを計る長さについては歩幅で大雑把に決めているだけで、彼らは米の計量単位のような正確さを求めるようなことはしていない。畑の大きさ等を厳密に決めていくことを米の収穫のためにはそれほど必要としていないということである。これは、彼らの日常活動として最も重視しているものについては厳密なものを実践の歴史の中で確立してきたということであり、この歴史性を無視して議論していくことは出来ないということである。

第4章　ルリヤとヴィゴツキー『認識の史的発達』のメッセージ

　このクペレ族の人たちが確立した正確な米の計量単位については、『学習と思考活動の文化的文脈』の序文、そしてコールの『文化心理学』でも詳しく述べている。このようなクペレ族の人たちが持った米の計量単位の正確さとは対比的に、子どもたちは学校教育では算数理解に多くの困難を示したり、大人の記憶能力や推理能力が欧米の子どもや大人と比べてはるかに劣っているということがあった。だが、これまでコールたちの研究で確認をしてきたように、クペレ族の人たちの日常的実践活動とは無縁な記憶や論理的課題を用意して彼らの知的水準を議論することがいかに文化的背景を無視した比較文化研究になっているかということである。

（3）リベリア・ヴァイ族の言語活動の研究

　コールとスクリブナーが行ったリベリアにおけるもう一つのフィールド研究が読み書き能力と認識能力の関連をみた『読み書きの心理学（*The psychology of literacy*)』(1981) である。これは読み書き能力の有無ではなく、どのような読み書きの実践があるか、それが認識活動にどう作用しているかを文化的実践の視点から明らかにしたものである。リベリアの北西部海岸沿いに住んでいるヴァイ（Vai）族の独自の読み書きの実践に注目したものだが、ここではヴァイ族が使用している言語が認知活動に強く影響を与えていることをみていこう。

　ヴァイ族の土着の言語としてヴァイ語があり、彼らが使用しているヴァイ語の書字システムは音節文字を使ったものである。この文字は語と語の間にスペースを入れないし、句点や句読点もなしで書いてしまうという独特なものである。だから書かれた文字を読んでその内容を理解するためにはその構文解析をしていくことが必要になる。例えば、日本語でそのことを説明すると、「カネオクレタノム」というように書かれたものを「金を送れ」という要請か、「金をくれた、飲む」のどちらの意味なのかを判断するといったようなものである。

　かつて、リベリアは英国の植民地であったことで、公用語の英語が学校教育

では使われている。英語を習得している場合には論理的推論や符号化やカテゴリー化の使用が促進されることになる。ヴァイ族にはイスラム教徒の人も少なからずおり、彼らはアラビア語を読むことは出来ず、コーランを丸暗記している人が大部分である。このように言語としては異なった機能を持っているものを日常の実践の中で使うことで認知活動にそれぞれ異なった影響を与えているというのがコールとスクリブナーが明らかにしたことである。

　英語の場合は既に述べたように記憶としてカテゴリー化によって記憶再生成績を高めたり、論理的推論や文章内容の理解では語の意味的統合を有利にしている。ヴァイ語のみを日常で使用し、この読み書きのシステムを用いている人は書かれた文章について音節を統合して読んでいくことが促されるという結果をもたらしている。宗教の儀式の中でコーランを唱えている人はその音声情報を丸暗記しながら唱えることをしているために、記憶の種類として再生の項目を一つずつ増やしていく漸増再生とか増量再生と呼ばれている課題では優れた成績を示した。

　ヴァイ族の人たちの複数の異なった読み書きの文化的実践が異なった認知能力の発達に影響を与えていたということは、言語実践の内容に限定的な形でまさに領域として特殊的な形で形成に関わっていることを示している。通常、われわれは言語習得が論理的な能力や抽象的思考の発達を促しているという一般論を持ちがちであるが、言語の特性は認知能力の何と関わっているのかについては、様々な認知領域を超えるような形で作用しているのではないということをコールとスクリブナーの研究は具体的に明らかにした。

　コールは『文化心理学』の中で、人間精神とその活動を文化・歴史的な文脈の中でそれらに支えられているものとしてみること、そして日常生活の実践的意味と絶えず関連づけながら活動の意味を議論していくことの必要性を説いている。このような姿勢はとりもなおさず人間とその精神的活動を歴史的な視点からみていくことと、同時にこれらと個体発生、そして日常の中で展開される微視的な活動と連動させて議論していくということである。このようにコールが指摘していることはまさにかつてヴィゴツキーが人間と人間精神を論じてい

112

第4章　ルリヤとヴィゴツキー『認識の史的発達』のメッセージ

く基本姿勢としたものでもあった。

3．歴史的存在としての文化的道具と新しい意味づけ

　ヴィゴツキーが歴史的な存在として人間と人間精神を論じた時、人間の活動
と密接な関わりを持っているものとして道具の存在とその働きを位置づけてい
た。彼の文化的道具論である。ここでは、はじめに彼の文化的道具論を取り上
げる。ヴィゴツキーの言う人間精神の歴史性を具体的に論じていくことが文化
的道具という視点から可能になってくる。次に、日常生活におけるわれわれの
何気ない活動が道具に支えられていることをみていく。ここでは道具の変遷と
その機能の変化にも注目しながら日常生活の中では埋もれてしまいがちな文化
的道具としての意味とその役割についてもう一度確認をしていこう。

（1）ヴィゴツキーの文化的道具論

　ヴィゴツキーが人間の精神とその活動に果たしている道具の役割を重点的に論
じているのが『文化的・歴史的精神発達の理論』(1930-31) の第2章「研究の方
法」の「記号の使用と道具の使用」であり、またこれとほぼ同じ頃に書かれた論
文「心理学における道具主義的方法」(1930) の二つである。この二つの研究で
示されていることは彼の言う精神とその活動は道具に媒介されているということ
である。ヴィゴツキーは道具を大きく技術的道具と心理的道具の二つに分けて、
それぞれの働きを論じているが、技術的道具の方は人間の活動と外部にある対
象との中間項にあって、物を加工、変形して新しいものを作り出していくのに関
わっている。それに対して、心理的道具は言語に代表されるように、自己と他者
の心理的諸過程に直接関わりながらそれらの心理と行動の過程に作用している。
　道具の働きについてヴィゴツキーが指摘していることで重要なことは、「心
理学における道具主義的方法」で次のように指摘していることである。つま

113

り、人間の発達過程は長い人間の歴史の中で蓄積されてきたものとの深い関わりの中で成立してきたが、それらは必ずしもはっきりと見える形で表れてはいない。だが、道具の歴史性を道具の使用や心理的道具である言語の活動の過程として位置づけていくことで、人間精神の中にある歴史性を具体的に論じていくことが可能になってくるということである。

ヴィゴツキーは、心理的道具の中でも、特に人間の精神活動に働いているもろもろの記号の機能を重視しており、技術的道具ついてはあまり詳しく論じていないところがある。もちろん、彼が人間精神と精神活動を道具に媒介された行為としていることでは、技術的道具と心理的活動とは切り離して扱うことは出来ない。そして、道具そのものも、そして道具と人間の行為との関わり方も時間の中で変化を遂げているという歴史的変化がそこにあると考えなければならない。それは結局、ヴィゴツキーが言う人間精神を歴史的視点から論じていくことに外ならないことになる。ただし、ヴィゴツキーは道具の変遷と連動した形で人間の精神活動と道具との関わり方の変化について十分に論じてはいない。それは彼の道具論は心理的道具が中心になっていたことにもよる。

道具、ここでは技術的道具とその機能に限定して話を進めてはいくが、心理的道具と技術的道具とは完全に区別されるものではなく、両者は密接不可分な関係になっており、切り離すことは本来は不可能なものである。例えば、ベイトソン（Bateson, G.）が『精神の生態学』（1972）の中で次のように述べている（邦訳・下 p.661）。私が盲人で、杖をついて歩いているとすると、一体どこからが私なのか、杖の柄のところか、杖の真ん中あたりか、それとも先なのだろうか。これを問うのは無意味なことであって、人間の活動は内側と外側との間の連続したシステムとして展開しており、精神システムの境界を特定の場所に求めることは出来ないということである。このようにベイトソンが指摘していることはコールも『文化心理学』（1996）の第5章「文化を心理学の中心におく」で取り上げている。

あるいはシェルドン・ホワイト（White, S.H.）もコールの『文化心理学』に寄せた文章の中で次のように指摘している。つまり、人間は自らが作り上げて

114

きた人工物である道具と関わり、それらの機能に媒介されながら活動をしている。だから、人間は自ら作り出した人工物の世界の中に住んでいるとも言える。人工物と言った時、それには様々な道具の類、言語、そして慣習や儀式を含めることが出来るかもしれない。いわば人工物は文化の基本的な構成要素である（ホワイト「コール『文化心理学』に寄せて」、『文化心理学』邦訳pp.i-x）。ここでは道具が人間の活動との関わりの中でその機能と意味を時間と共に変えてきたこと、それは同時に人間にとってもその道具の機能と意味を変えながらまさに人間の行為と道具とは切り離すことなく存在しているということである。それはまさに人間と道具とは共進化をしているという歴史的存在としてあるということでもある。繰り返しになるが、人間と人間精神を歴史的な存在としてみるということは、人間の精神や活動を道具との関わりの中で起きていることを通して明らかにしていくことである。そのことをいくつかの具体例で考えてみよう。

（2）日常の中の道具とその変遷にみる道具の働き

　これからみていくのは日常生活の中で人間がいつも使っている道具の数々である。柏木博は『日用品の文化誌』（1999）で、われわれの周りにある日用品の機能と意味の変化を論じている。これらの変化の多くは人間がそれらの道具の機能を変化させてきたことが多分に関係している。柏木が取り上げていくものの多くはペトロスキー（Petroski, H.）の『フォークの歯はなぜ四本になったか：実用品の進化論』（1992）やパナティ（Panati, C.）の『物事のはじまりハ？』（1987）でも言及しているものである。

　柏木があげているものでわれわれにおなじみのものに紙コップとその使用がある。今、どこでも使っている日用品の代表の一つだが、これは米国で1908年頃から飲料水の自動販売機で使われ始めたことによる。あくまでも飲料水の販売のために紙コップが用意されたもので、紙コップそのものを単独に商品としたものではなかった。紙コップの使用が拡大した理由には同じ時期に結核菌が蔓延し、その原因の一つが駅のホームなどで飲料水を飲むためにブリキ製の

コップを共同で使用していたことで、そこから共同のコップ使用が禁止されることになった。それに代わるものとして紙コップが商品として売られることになったという訳である。紙コップの使用は使い捨ての便利さと衛生観念の広がりという価値観と結びついたことはわれわれも実感していることである。ちなみに日本では1950年頃から飲料用の紙コップが自動販売機と一緒に普及をしていくことになり、紙コップの使用は日常の風景になっている[3]。

　本来の道具の機能を人間が大きく変えて日用品として普及させたものに魔法瓶がある。これはパナティが紹介しているが、もともとは英国の物理学者であるジェームス・デュワーが液体ガスを保存するために内瓶と外瓶の二重構造にし、その間を真空状態にしたフラスコ（「デュワー・フラスコ」）を開発したものである。これを米国人のウィリアム・ウォーカーが飲み物を冷めないようにする魔法瓶として販売し、商業ベースで普及し始めた。元はガラスで作っていたため壊れやすかったが、今日では大半が金属製となり、いつまでも温かい（あるいは冷たい）飲み物が欲しいという人間の欲望を満たすものになっている。エベレスト登山で温かいコーヒーを飲むために魔法瓶を持って行ったことが普及に一役買ったとも言われている。温かい、冷たいという食品に対するわれわれの価値づけを物の使用と普及に強く方向づけていることが分かる。

　ペトロスキーが詳しく述べているものにペーパークリップの発明と改良があるが、この種のものはあまりにも日常生活の中で使っているためにその歴史的変遷などに気を留めることもないだろう。だが、今日われわれが使っているゼム・クリップと言われているものに辿り着くまでには改良を重ねた歴史があった（ペトロスキー, 1996；柏木, 1999）。もう一つ、日常生活では頻繁にお目にかかる代表的なものに「ねじ」がある。腕時計のような小さなものにも多数のねじが使われているし、巨大な機械もねじなしにはそれを組み立て、完成することは出来ない。このねじも今日のような形になるまでには実に長い時間と改良の歴史があったことを学生時代に建築学を学び、大学では都市学を教えているリプチンスキ（Rybezynski, W.）が『ねじとねじ回し：この千年で最高の発明をめぐる物語』（2000）の中で、ねじの発明にまつわる物語として語ってくれてい

116

第4章　ルリヤとヴィゴツキー『認識の史的発達』のメッセージ

る。ねじ山の穴の形状やねじの溝を切る方法など気にもかけることがないものにまつわる工夫の歴史と物語が満載の一冊である。その歴史は古代、中世にまで遡る。

　リアルな時間の中で道具を使って活動している人間にとって、実はこういった道具の歴史の中でその存在があることをもはや実感することなど出来ない。その端的な例がタイプライターのキーボード配列である。

　今やコンピュータのキーボードの方が一般的であるが、このキーボード配列にもユーザーには実感することがない歴史的変遷がある。そのことをわれわれは知らないがゆえに歴史的変遷の末に辿り着いた結果だけを「あてがいぶち」として使用している[4]。

　タイプライターのキーボードとその配列は実に様々なものが混在していたという歴史的経過がある。このキーボード配列の歴史の中で、ショールズという人物が作ったものが今日用いられているが、そこにはタイプライターのキーを速く打つことが出来るかどうかという効率性重視の判断があった。

　ショールズの作ったキー配列のキーボードが他のものよりもタイプスピードが速いものだったが、速さを決める要因にはキー配列以外のものが関係していた。それはキーを見ないで打つブラインドタッチ法というキーの打ち方であり、ブラインドタッチ法ではショールズの作ったキー配列のタイプライターが使われていた。そして、この方式を採用したのがレミントン社の作ったタイプライターであった。ブラインドタッチ法ではキーボード全体の左半分を左手、右半分を右手で打つようにしている。このタイプライターではキーボードの左側の第一列に並んでいる6個のキーがQWERTYで、そのため通常はQWERTYタイプと呼ばれている。ブラインドタッチ法によるタイピングではタイプスピードはるかに速いものだった。だが、このQWERTYタイプではわざとタイプスピードが遅くなるように配列をする方法を選んでいるという意味では人間工学的には決して完成したものではなかった。QWERTYの六つの文字は左側の第一列に置かれており、当然左手でこれらは打つことになる。しかもEやR、Yといった英語の文章では頻繁に登場するものを左手で打つこと

117

になるが、この左手でしかも「薬指」を使って打つということでわざと打ちにくくして速打ちに制限をかけるものだった。これで速打ちをすると文字バーのアームの戻りに時間がかかって、アームが絡んで動かなくなることを避けるようにしたものである。こうなると、QWERTYタイプははじめから人間にとっては打ちやすいキー配列ではなかったのだが、ブラインドタッチ法による速打ちが決め手になって今や標準規格となっている。

このQWERTYタイプとは違う配列で人間工学的にもより理想に近いキー配列のものがオーギュスト・ドボルザークらによって開発されたドボルザーク型と言われているものであり、はるかにタイプスピードは速くなっている。それでも標準規格となったQWERTYタイプを変えることはなく今も使われ続けている。というのは、慣れ親しんでしまったキー配列のものから変えたものを使いこなすには時間を要するし、抵抗を感じてしまうからである。さらに、文字バーのアームの戻りに時間がかかるといったタイプライターではなく、物理的な制約のない電子キーボードのコンピュータであってもなおタイプスピードを遅くするようなQWERTYタイプのものを依然として変わらずわれわれは使っている。

このキーボートの配列の例からは、時には道具の変遷として辿り着いた結果としてユーザーサイドからの視点が入らないまま道具の機能とその意味が一方的に決められてしまっていることがあるということである。規格として世界標準になってしまっているからだという「押し付け」である。人間が道具を自由に変えることが出来ないという制約を含んだ意味での歴史性でもある。

キーボート配列にまつわる事情についてはワーチ（Wertoch, J.V.）の『行為としての心』（1998）の第2章「媒介された行為の特性」と、ノーマン（Norman, D.A.）の『誰のためのデザイン？』（1988）の第6章「デザインという困難な課題」の中でもふれている。その他、ギーディオン（Giedion, S.）は道具の文化史についての古典的名著となっている『機械化の文化史：ものいわぬものの歴史』（1948）で、道具が人間の生活にどう影響を与えたか、また社会と文化の中で道具がどう変化を遂げていったかを語っている。

第4章　ルリヤとヴィゴツキー『認識の史的発達』のメッセージ

注

〔1〕調査は当初、ロシア以外の国の研究者も参加することが計画されていて、現地のタシュケントの研究者だけでなくドイツのゲシュタルト心理学者のケーラー、レヴィン、コフカに参加を要請し、また第3章でもふれた民俗学者であり人類学者であったトゥルンヴァルトにも声を掛けていた（van der Veer & Valsiner, 1991, p.246）。だが、彼らは時間的都合などの理由で参加することが出来ず、実際に参加したのはコフカだけであったが、彼も途中で病気になってしまい、ウズベクの人たちの知覚の特徴を調査する部分を担当している。

〔2〕この研究では一部、クペレ族と同じリベリアで隣国のシエラレオネとの国境近くに住むヴァイ族についての研究もクペレ族との比較で取り上げられているが、主にはクペレ族について行った民族誌的観察とその結果である。クペレ族はリベリア最大の民族で、広く西アフリカ（リベリア、ギニア、シエラレオネ、コートジボワール）に住む農耕民族である。コールたちが調査したのはリベリア中央部に住むクペレ族の人たちである。

〔3〕類似の紙製品で使い捨ての発想と結びついているのがペーパータオルだろう。米国の多くの大学のトイレの洗面台にはトイレット・ペーパーを巨大にしたものが用意されて、それをちぎって手を拭いていることをよく見かける。これもはじめはトイレット・ペーパー用に裁断すべきものを間違って大きくしてしまい、それを返品しないでペーパータオルとして商品化したということである（パナティ, 1987、邦訳p.185）。ペーパータオルの普及によりハンカチで手を拭くというエチケットの習慣が減ることになったのだろう。ただし、日本ではこの種のペーパータオルは使われていない。

〔4〕キーボード配列には140年の歴史があることを語っているのが安岡孝一と安岡素子の『キーボード配列QWERTYの謎』（2008）である。この本は今日キーボード配列の世界標準となったQWERTYタイプに辿り着くまでのタイプライターのキー配列にある長い歴史を詳しく書いている。結論として二人はショールズによって完成された形になったQWERTYタイプのキー配列は連邦政府によって標準規格となっており、広くコンピュータのキーボードとして使われ、その優位性は揺らぐことはないと言う。

第5章

『思考と言語』にみる
ヴィゴツキーのピアジェ発達論批判

　この章では、ヴィゴツキーが『思考と言語』(1934) でピアジェのいわゆる「自生的発達論」を批判しているのを中心にみていく。はじめに確認しておくと、ヴィゴツキーのピアジェ批判の中心にあるのは、ピアジェが発達を矛盾する二つの異なったもので説明していることである。ピアジェは発達初期の幼児期までは子ども自身の経験に基づいた自分なりの世界認識を形成していくと言う。彼の言う「自生的発達」である。だが、ピアジェは幼児期以降の学童期から始まる「操作期」からは論理による客観的な認識で世界を理解していくと説明している。そこでは子どもは大人社会にある論理的思考のモデルを半ば強制的に取り入れる形で発達を形成している。このように社会や文化が持っている論理的枠組みを子どもが自分の中に押し込むことで論理的な思考を手に入れている。ピアジェはこう考えた。

　ここには幼児期の発達の姿である「自生的発達」と、学童期以降の子どもの発達としては大人の社会の論理的思考に強制された形で発達が進むという矛盾する発達の姿がある。ヴィゴツキーは『思考と言語』ではピアジェのような発達の考えではなく本来の子どもの主体的な活動を重視した発達論を展開している。ヴィゴツキーは子ども自身が具体的な経験に基礎を置きながらもそれらに拘束されることなく子ども自身の力によって発達を実現していく過程を強調している。

　そして、『思考と言語』ではこのタイトルが示しているように、思考することと話す活動とが連関し合いながら言葉の意味を形成していく過程を論じてい

る。ピアジェのようにことばの役割を十分に位置づけることなく思考活動や認識の形成を論じてしまうと正しい認識発達を論じることが出来ないとした。

『思考と言語』はヴィゴツキーがこれまで書いた複数の論文と新たにこの著書のために書いた論文から成るいわば論文集である。そこにはピアジェに関するもの以外に意識、概念形成の関係についての問題などが論じられている。参考までに『思考と言語』の各章のタイトルをあげておくと、次の通りである。第1章「研究問題と方法」、第2章「ピアジェの心理学説における子どものことばと思考の問題」、第3章「シュテルンの心理学説におけることばの発達の問題」、第4章「思考とことばの発生的根源」、第5章「概念発達の実験的研究」、第6章「子どもにおける科学的概念の発達の研究」、第7章「思想と言葉」。これら全部を本章ではみていくことはしないが、『思考と言語』全体の内容について論じたものには以下のものがある。土井の『ヴィゴツキー［思考と言語］入門：ヴィゴツキーとの出会いの道案内』(2016) と、佐藤の『ヴィゴツキー小事典：思想・理論・研究の構想』(2022) の中の第8章「『思考と言語』、そして意識研究」である。

1．ピアジェ「自生的発達論」へのヴィゴツキーの批判

ヴィゴツキーは『思考と言語』の第2章と後半の第6章の二つの章でピアジェの発達論を取り上げ、批判的に論じている。ピアジェの初期の研究である一つの著書の内容をはじめにみていくが、ここにはピアジェ理論の中心となっている主体の活動による認識形成という彼の発達の考えが展開されている。先にヴィゴツキーがピアジェの発達論の何が問題だと考えたのかを述べておくと、ヴィゴツキーはピアジェが思考活動を重視しながらも一方では言語活動が思考や認識の形成に果たしていく役割を軽視していることである。そこにはピアジェ特有の考え方があるが、そのことがピアジェ理論の大きな欠点になっているとヴィゴツキーは言う。そして、もう一つ、ヴィゴツキーがピアジェを批

判するのは、ピアジェは本来の子どもによる主体的な発達形成を正しく論じていないということである。特にこの点をここでは問題にしていく。

　ヴィゴツキーは『思考と言語』の第2章をほぼピアジェの幼児期の発達の特徴である自己中心的思考の考えとその批判にあてている。ヴィゴツキーはピアジェの言う幼児期のものの考え方の特徴である自己中心的思考を『児童の言語と思考』(1923) と『児童における判断と推理』(1924) で確認し、またその問題点を議論している。

　『思考と言語』の第2章はヴィゴツキーがピアジェのこの二つの著書のロシア語版の序文のために1930年に書いたもので、その内容と分量は序文という範囲を超えた長文である。ヴィゴツキーはこの難解な長文を34歳の時に書き、またピアジェ自身もこの二つの著書を27歳と28歳の時に書いており、二人の年齢的若さを考えても両者の天才ぶりがうかがえる。まさに発達研究の二人の「巨人」がここで相まみえているということである。ちなみにピアジェとヴィゴツキーとは同じ1896年生まれで、ピアジェの方が3か月余り先に生まれている。

　ピアジェの初期のもう二つの著書である『児童における世界像』(1926) と『児童における物理的因果』(1927) もヴィゴツキーはこの第2章の後半部分では取り上げている。そして、『児童における判断と推理』については『思考と言語』の第6章の科学的認識の形成のところでも再び批判的に論じている。このように、ヴィゴツキーはピアジェの著書を詳しく読みながら、ピアジェ理論を批判している。そして、大事なことだが、この第2章のヴィゴツキーの記述からはピアジェの発達論の批判を通してヴィゴツキー自身が発達をどう論じていくか、彼の理論的立場を確認することが出来る。

（1）ピアジェの発達の基本図式：自己の内的世界から外の世界への広がり

　ピアジェの発達論は簡単に言えば、自己の狭い世界から外の世界へと関心を広げ、外の世界についての客観的な認識を獲得していく方向に進んでいくとい

うものである。この発達の過程をピアジェは大きく三つの段階に分けている。最初は発達初期の乳児期の段階である自閉的思考を中心とするもので、自己の内的世界で思考を完結させている。次の幼児期になると外の社会的なものへと関心を広げることを始めるが、まだ自分の視点で物事を理解し、説明することが中心になっている。自己中心的な思考の段階である。そして、三つ目の段階の学童期以降は外の世界を論理的に考えていくようになる。ここで子どもは大人の思考の世界に仲間入りをしていくことになる。彼はこのように発達変化を考えた。

　そして、ピアジェの発達論の基本にあるのは子ども自らが自分の力で発達を進めていくと説明していることである。これがいわゆるピアジェの「自生的発達論」である。だが、これが当てはまるのは幼児期の自己中心的思考の段階までで、学童期からの論理的思考の段階では子どもはものの考え方を大人の社会で中心になっている思考に順応させていくことで発達が進んでいくと考えた。それはとりもなおさず社会が共有している認識世界の枠組みに子どもが従っていくこと、つまり社会・文化的なものに枠づけられていくことである。

　このようにみてくると、ヴィゴツキーが指摘しているようにピアジェの学童期の発達は決して子どもの主体によって実現しているのではなく、そこに大人社会からの強制が働いていることになる。以下、ピアジェが『児童の言語と思考』と『児童における判断と推理』では発達をどのように説明し、またそれらをヴィゴツキーがどう批判的に論じていたかをみていこう。

1）ピアジェの「自己中心的思考」：自閉的思考から論理的思考への「橋渡し」

　幼児期の子どもがみせる多様な考え方や行動特徴をトータルに説明するものとしてピアジェが位置づけたのが思考の自己中心性である。これをピアジェは自己中心的思考と呼んでいる。ピアジェはこの幼児期の特徴である自己中心的思考について、次のように説明をしている。自己中心的思考は「自閉的思考（autistic thought）」と「理性的思考に方向づけられた（directed rational thought）もの」との間にあって、発生的、機能的、そして構造的にもそれらの移行段

124

階、中間段階にあるものとしている（『思考と言語』第2章、英語版p.57）。実際、ピアジェは『児童の言語と思考』では自己中心的思考を「自閉の論理と知能の論理との中間にあるもの」（邦訳p.57）と述べている。そして、自己中心的思考が両者の中間にあることから、時には論理的な組織化を目指していこうとする願望を障害することになっている（邦訳p.352）とも言う。ピアジェが自己中心的思考を幼児の思考の中心にある「混同性（syncretism）」（あるいは「混同心性」）の形でみられると指摘しているように、まさに半分は自閉的な世界、半分はそれを外部の世界に向けて行う思考活動としている。

　はじめに、自閉的な思考についてのピアジェの考えを確認しておこう。ピアジェが理性的な思考とは対比的な自閉的な思考を発達初期の子どもの特徴と考えた発想はフロイトの理論によるもので、フロイトの考えをそのまま使っている。ピアジェはこのことを『児童の言語と思考』では次のように述べている。自閉的思考は「半意識的（subconscious）」で、その目的とか解決していくことでは意識としては外の現実に適応することなく、それを想像の夢の世界で作り出しているものである。そこでは真理を確立することはなく、自己の願望を満足しようとするだけである。それは個人の内的世界の中だけで起きていて、このことを言葉では表すことはしない。フロイトの無意識論によれば、自閉的思考を個人の無意識の世界で象徴や神話によって感情が呼び起されているとしているが、ピアジェの言う幼児の発達初期の自閉的思考はフロイトの考えを当てはめて使っている。事実、ピアジェは若い頃はフロイトの精神分析学に興味を持っていたが、そのことは本書の第1章のところでも述べておいた。

　ピアジェはこの自閉的思考から次の発達の段階である自己中心的思考へと進んでくると次のような変化が起きてくるとした。幼児期では自閉的な思考に対して、外に向けられた思考でもある自己中心的な思考は社会的な性格を持ち、かつ意識的なもので、そのことを考えている本人の心にもそれははっきりと表れている。つまり知性的で、現実の世界に適応すること、社会と関わりながら自己の活動を展開していこうとするものである。そこでは自らの経験を自分なりのことばで表現していくようになる（以上、ピアジェ『児童の言語と思考』邦訳

125

p.55；ヴィゴツキー『思考と言語』英語版 p.57）。

　もう一つ、自己中心的思考についてピアジェが述べていることは、自閉的思考の枠を超えて現実の世界に向けていく萌芽となっており、外に向けて自分の考えを社会の中で「つじつまを合わせていこう」とする活動を始めるということである。だからピアジェは『児童における判断と推理』では、自己中心的思考が向ける関心は、純粋な自閉性の世界でみられるような身体的な満足や遊びにおける満足を得ようとするものではなく、大人の思考のような知的な適応をねらっているのだということを示そうとしたのだと言う（『児童における判断と推理』邦訳 p.225、一部訳文を変更）。だが、自己中心的な思考ではまだ、外的な対象に対して自分の考えを一つにまとめてみてしまう混同性のような圧縮や転移といったことがみられる（同上邦訳 p.247, 260、一部訳文を変更）。ピアジェは自己中心的思考に依拠しつつ社会的なものへ関心を向け、社会で優勢な論理的思考へと進んでいくための前駆的な活動と位置づけている。

　ここまでのピアジェの発達の基本図式をまとめてみると、外の世界と関わることなく自己の世界の中で活動し考えていた自閉的思考から、幼児期の後期からは周りの世界へと関心を広げていくようになるが、そこでは外の出来事や周りにいる大人や子どもの様子についてあくまでも自分が理解出来る範囲の中でしか考えることをしない主観的なものの見方を優先させた自己中心的思考が中心になっている。そして、他者に向けることばも自己中心的思考に依存する形で自己中心的言語になっている。

　われわれはピアジェの発達理論を自閉的思考かそれとも論理的思考か、そのどちらなのかといったような二分法的な発想で捉えたり、自己中心的思考も自閉的思考と同じものだとみてしまいがちであった。だが、ピアジェが自己中心的な思考を論理的思考に向かう中間段階、過渡的なものとしていたということは確認しておくべきである。自己中心的思考は自閉的な世界から脱して論理の世界に向かっていくことを準備するものである。

第5章　『思考と言語』にみるヴィゴツキーのピアジェ発達論批判

2）ピアジェの「自生的発達論」の問題

　ピアジェが幼児期までの自己中心的思考の段階における主要な発達の原動力として位置づけているのが自分の経験を通して自分のものの世界を知っていくということ、つまり自己の発達を自らが作っていくという「自生的発達論」であるが、同時にその過程の中では次第に社会的な枠組みを考慮していくようになる。だから、そこではまだ主観的なものの見方を脱することが出来ずに自己中心的な思考になってしまう。そしてこの後の段階の児童期後期からは子どもは社会と文化が持っている論理的思考の路線に乗っていくことになる。ここでは自分自身で考えていくというまさに「自生的な発達」ではなく、社会が持っている論理の世界に従い、そこで支配的な認識の仕方へと進むことになる。

　このようにみてくると、ピアジェの「自生的発達論」という枠組みは初期の人間の発達を一貫して説明するものになっていないことになる。だが、ピアジェはこのような「自生的発達論」の説明としては問題がありながらも、子ども自身の中にある心理的実体を発達を説明する唯一のものであるとする考えを一貫して持っていた。このことを彼は『児童における判断と推理』の結論部分でも繰り返し述べている。彼は子どもの経験とは関わりなく自己中心性は子ども自身の心理的特性に従いながら合法則的、必然的なものであると言うのである。ピアジェの発言である。「子どもの思考は教育の要因や子どもに働きかけるあらゆる影響から切り離されることはできない。しかし、これらの影響を写真のフィルムのように子どもの上に影響を写し込むことは出来ない。これらは自分自身で支配している生きた存在によって同化され、変形されて自分の実体と合わされていく。私がここで述べ、ある程度、説明しようとしてきたことは、まさに子どものこの心理的実体、つまり子どもの思考固有の構造と機能のことである」（邦訳p.273、一部訳文を変更）。

（2）ピアジェの発達図式：「個人から社会へ」へのヴィゴツキーの批判

　ここまでみてきたように、ピアジェは人間発達のはじめには個人の閉じた世

界の中で物事の理解を完結させる「自閉的思考」の段階があり、そこから少し進んだ段階になって社会的なものにも関心を向けていくようになるとした。それでも幼児期ではあくまでも自分の説明論理で対象や出来事を理解する自己中心的思考が続くという図式を描いた。

1) 自閉的思考・再考

　ヴィゴツキーは，ピアジェが前提にした幼児期初期の子どもが「閉じられた自己の世界」で物事を考えているという発想は間違いであるとしてピアジェの発達理論そのものは成り立たないと言う。このことをヴィゴツキーは『思考と言語』第2章の中の「自閉的思考について」でブロイラーの考えに基づきながら以下のように述べている。

　オイゲン・ブロイラー（Bleuler, E.）は自閉的思考を、発達初期の子どもがみせる未成熟なものでも、またプリミティブなものでもないと指摘する。ヴィゴツキーはブロイラーの次のような主張を紹介している。自閉的機能は知的活動の最初期のものではなく、むしろ実際的・実践的思考の方が外の世界で求められる条件や変化に対応しているということではこちらの方が最初にみられるものである。現実的機能こそがはじめにあるもので、自閉的機能は自分の中にある表象を使っている活動であると考えるとそれは非現実的な機能であり、現実的な実践的思考の方が先である。ピアジェが自閉的思考を発達の最初期にあるとした考えは自閉的思考をフロイトのような無意識な活動として解釈したことによるものである。

　そこで、ヴィゴツキーは『思考と言語』では自閉的思考を次のように論じるべきだと言う。つまり、「発生的、機能的、構造的なこととして、自閉的思考が後に続く全ての思考活動の最初の段階にあるのでないし、また基礎になっているものでもない。このことから、子どもの自己中心性を自閉的思考と高次の思考形態との間にある中間あるいは移行段階にあるものとする考えは見直しをすべきである」（英語版 p.66）。

　結論として、ピアジェの自己中心性の考えに対してヴィゴツキーが批判して

128

いるのは以下のようなことである。ピアジェは幼児が子どもの遊びの中でみせることばは、自分の世界の中で独り言をしゃべっているだけで、他の子どもとの間で会話をしていないとした。だが、ヴィゴツキーは遊びの中の子どもの会話を注意深くみてみると、ピアジェが称している子どもの自己中心的言語は、子どもが遊びの中で問題を解決するために出していること、つまり外言という形を取っている独り言である。この時期の子どもは自分が考えていることを声として外に出している。自分の思考活動として出していることばであるから独話になっている。つまり、ことばを思考展開の手段として使っているということで、ここに思考することと話すこととの間の相互連関の始まりがある。自己中心的言語はピアジェの言うような自己中心的思考の反映ではない。そして、ヴィゴツキーは、子どもたちがみせる遊びの中の会話をよく観察すると、他の仲間ともことばによるやり取りをしている。決して自己の世界だけにいる訳ではないことは明らかである。

2）幼児がみせる社会的活動

　ヴィゴツキーは、子どもは早い時期から周りの大人や仲間とコミュニケーションを取っており、そこからはピアジェが言うような幼児には社会的活動がないという見方は否定される。幼児の現実の活動からすると幼児が自己中心的な世界にいるとしたピアジェの解釈とは違うものである。

　ヴィゴツキーは、人は社会的存在として外部の世界と絶えず接触し、関わっていく中で発達が実現していくとした。そこでは、当然のことながら外部の影響を受けながら成長変化をしていく。つまりピアジェが強調しているような個人の内的な要因による予定調和だけで発達を描くことは出来ないということである。ピアジェは個人の狭い世界で展開される主観的ものの考えから他者との関係によって他者の視点を入れた客観的な論理の世界へと一方向的に予定通り進んでいく過程として人間の発達を考えた。人間は文化や環境の違いを超えて決められた発達のコースを通って成長、変化を遂げるという予定調和論である。だから、発達段階の図式を描くことが出来るというのがピアジェの発達理

論にある考えである。

　ヴィゴツキーの発達論は明らかにそれとは異なる反予定調和論である。つまり、人は発達の早い時期から社会的活動を行っていて、乳児の時期でも親や周りの大人と関わりを持っている。そこで様々な影響を受けながら成長変化をする。どのような社会・文化や環境の違い、あるいは親や周りの大人との関わりの中で活動を展開しているかによって発達の姿は変わってくる。ヴィゴツキーは他者との間の相互的関わりや、文化的なもの、その歴史的なものを想定しなければ人間の発達を正しく論じることなど出来ないとした。ヴィゴツキーは『思考と言語』の第2章の最後を社会・文化に支えられながら発達していく「歴史的な子ども（historical child）」、その中で変化していく「束の間の子ども（transitory child）」として子どもをみていくべきだという言葉で結んでいる（英語版p.91）。

（3）人間の知性発達の基本：具体と抽象の間の往還

　ピアジェは生活体の現実の欲求や関心、そして希望と完全に切り離された現象、つまり純粋思考として現実を表象していく論理の世界へと向かうことが人間が持っている発達の目標だとした。たしかに世界を論理的に理解していくことは人間の知性の目標ではあるだろうが、これを人間の欲求と切り離したり、生活体の興味や願望と対立するなどとすることは出来ないはずである。ヴィゴツキーの発言である。「食事、暖かさ、そして運動といった基本的欲求が現実への生活体の全ての適応を動機づけ、方向づけているものだとすると、内的な欲求を満足させていく働きを考えていくことと、現実に適応していくために考えることとを対立させることなどは何の意味もないことである」（『思考と言語』英語版p.77）。だから、純粋の真理のための思考活動も、この地上における欲求、希望、そして興味から切り離された形では存在し得ない。これがヴィゴツキーの考えの基本にあるものだった。あらゆる現実についての内容がない空虚な抽象的なものや、論理的機能、形而上学的な実体は論理的な思考方法としてだけ

第5章　『思考と言語』にみるヴィゴツキーのピアジェ発達論批判

存立出来るにすぎないのであって、それは実際の力強い子どもの思考活動の過程なのではない（同上英語版p.78）。このようにヴィゴツキーは言い、ピアジェが想定するような論理的思考を批判する。ここから、ヴィゴツキーはロシア革命の主導者であったレーニンがスイスに亡命中に書いた『哲学ノート』を使いながら、人間の認識を単に理性や論理だけで考えるのではなく、感情や願望といった側面を同時に考えていくことが必要であることを説いていく。

1）ヴィゴツキーのレーニン『哲学ノート』への注目

　ヴィゴツキーがピアジェの認識論を批判して、人間が本来持っている理性的なものの基礎としてどういうものであるべきかを議論しているが、そこで参考にしたのがレーニンの『哲学ノート』（1929）にある認識論である。レーニンは人間の認識は具体的な対象に向けた実践的な活動と、そこにある個別・特殊な事例を含んだ内容を経て抽象的な概念レベルへ進んでいくとした。この実践的経験によって認識を見直していくという考えは実践と認識を統一的にみていくということで、認識の成立は具体的な対象に対する直観や経験と抽象的な概念との間の弁証法的関係を通して成立するということである。

　ヴィゴツキーはピアジェの発達論を批判した『思考と言語』の第2章で何度もこのレーニンの著書を取り上げている。ヴィゴツキーはピアジェの認識発達論の批判に続けて、ピアジェと似たようなものには感性的なものと切り離してイデア論を展開したピタゴラス、プラトンがあったこと、そして、彼らの考えを批判したのがアリストテレスであったことをレーニンが言及していたと言う。このことから、現実の生活の中で経験したり、欲求や願望、興味を持ち、感じることと、理性的、理論的に考える抽象的な活動とを切り離さないで相互に連関している連続的な過程であるとしたヴィゴツキーの認識についての基本的な考えを確認することが出来る。

　レーニンは『哲学ノート』のアリストテレス「形而上学」の節では、人間の理性や認識は、現実に対する具体的な活動と抽象的な思考内容とは統一と分裂との間のジグザクの過程の中で相互に連関し合っていると言う[1]。ここでレー

131

ニンが述べていることをヴィゴツキーも第2章のピアジェの自己中心性理論の批判のところで引用している（邦訳pp.73-74）。なお『思考と言語』の中の文章とレーニン『哲学ノート』の松村一人の訳とは訳文が異なっている。

2）ヴィゴツキーのピアジェ・論理的思考についての批判

　この後、ヴィゴツキーは『思考と言語』第2章の後半部分の第7節「ピアジェ哲学への批判」では、ピアジェが論理的思考へと進んでいく過程にはそれまで彼が強調していた生物学的なものを背景にしている子どもの自生的発達とは違う社会的な要因が加わっていくようになると説明している。このことについて、ヴィゴツキーはピアジェの理論には生物学的なものと社会学的なものの二つの間の「ギャップ」、あるいは矛盾があると言う（英語版p.82）。「社会的なものは、子ども自身にとっては自分とは無縁な形で外にあるものが外力として強制的に枠をはめる形で作用している。社会は子ども自身が内的なものとしてあった考え方を移し替えている」（同上）。社会的要因が子どもに加わっていくことで大人の社会では支配的な論理的思考が形成されてくる。むしろそれは強制されると言った方がよい。

　このようにピアジェの理論の中には発達の前半期までは生物学的な発想から子ども自身による自生的な発達が展開されているのに対して、発達の後半期からは社会に適応していくために論理の世界へと強制的に入っていくという二つの異なった発達の姿があるとヴィゴツキーは指摘する。

　実はピアジェは、論理的思考を始めていくようになるのは他者の視点を取り込むこと、つまり社会的な影響を受けていくことによるという発言を『児童における判断と推理』でもしており、自分の間違った観念や誇大妄想を他者との思考を共有することによって正しい証明を得ることが出来るとしている（邦訳p.224、一部訳文を変更）。そして、子どもは原因と結果をどのように関係づけていくか、それを関係の論理を用いた論理性の認識として考えていくようになる（『児童における物理的因果』）。だが、ピアジェはこの論理の発達をあくまでも知識の獲得としてだけ考えており、現実の実践的経験を通して獲得していくと

第5章 『思考と言語』にみるヴィゴツキーのピアジェ発達論批判

いった発想はない。

　ヴィゴツキーはピアジェの認識形成論を批判して、あくまでも現実の中で実践的な活動を通して因果関係、そして論理的なものの考えは形成されていくと考えた。このように、ヴィゴツキーはピアジェの理論にあるのは観念論であると言う。そして、ヴィゴツキーは観念論ではなく唯物論として論理的思考とその発達を社会的実践と結びつけていかなければならないとした。

　ピアジェは、思考を現実から全く切り離された活動としてみてしまっている。だが、思考の基本的機能は現実の認識なのであって、そのことを忘れるべきではないとヴィゴツキーはピアジェを強く批判する。思考活動が外部の具体的な現実を概念化してしまうと、自然とそれは幻の運動、生気のない戯言の行進、影のダンスになってしまう（『思考と言語』邦訳p.92、ここでは英語版p.88を使用）。それは子どもの現実の本当の思考の活動などではない。ピアジェが因果性の法則を発達の法則に置き替えようとしているために発達の概念そのものが消えてしまっているということである。

　実はヴィゴツキーがピアジェを批判してこのように述べている文章はレーニンが『哲学ノート』で述べているものでもあった。レーニンの文章である。「思考活動が外部の具体的な現実を概念化してしまうと、自然とそれは幻の運動、生気のない戯言の行進、影のダンスになってしまう」（『哲学ノート・下』邦訳p.77）。これはレーニンが機械的な唯物論を批判しているもので、彼はさらに次のようにも言っている。「愚かな唯物論よりも賢明な観念論の方が唯物論に近い。より正しく言えば、賢明な観念論とは弁証法的な観念論であり、愚かな唯物論とは形而上学的な、発展のない、生命のない、生硬な、運動のない唯物論である」（同上）。

　ヴィゴツキーはピアジェの論理的思考の発達を具体的な経験を基礎に置いたものでなく、まさに形而上学的な発想でみていたということ、そのことを強く批判する。

133

3）再びヴィゴツキーのレーニン『哲学ノート』について

　再びレーニンの『哲学ノート』をみていこう。レーニンはヘーゲルの『論理学』についての注解（『哲学ノート・上』のヘーゲル『論理学』第3巻・概念論）の中で、ヘーゲルには観念論哲学や心理学に広くある視点と類似した考えがあるとして次のように述べている。ヘーゲルは人間の独特な活動は推論であるとしたり、主体（人間）は三段論法における「格」とその「結論」を構成していると述べながら、人間の活動を論理学のカテゴリーの中に納めてしまおうとしている。これは単に誇張でもないし、遊びごとでもない。ここには非常に深い、純粋な唯物論がある。われわれはヘーゲルの言うことをひっくり返さなければならない。つまり、人間の実践的活動は何億回となく様々な論理学の「格」の反復を行い、その結果としてこれらの諸「格」が公理となっていったということである（邦訳p.171）。レーニンはさらに続けて言う。「人間の実践が何億回となく繰り返されることによって意識の中に論理学的『格』として定着していく。これら諸『格』はただひたすら何億回と繰り返されるからこそ偏見の頑固さと公理的性質を持ってくるのである」（邦訳pp.210-211）[2]。

　レーニンは実践的な活動を何度も繰り返していくことで人は論理的意味を獲得していると言う。ヴィゴツキーは、人間の発達は社会の中で具体的な対象と関わる中で自己の認識を獲得していく、そのことは具体的な経験から抽象的な論理的思考へ、そしてその逆の過程の流れの中で実現していくとした。そこにはレーニンの認識論の考えが底流にある。

2．本来の主体的発達論を目指して：
　　『思考と言語』第6章にみるヴィゴツキー発達論

　『思考と言語』第6章は新しく書き下ろされたもので、そこでのヴィゴツキーの主張は社会・文化、そして教育との関わりを持ちながらも発達主体は自らの知性を形成していくという本来の人間発達を実現しているというものである。

第5章 『思考と言語』にみるヴィゴツキーのピアジェ発達論批判

それは本章の前半でみてきた『思考と言語』第2章で批判的に論じてきたピアジェ発達論を超えていくものである。

ヴィゴツキーはこの第6章を論じていく前に第5章「概念発達の実験的研究」で、論理的思考を支え、抽象的なものの考え方の基礎になっている概念を子どもがどのように形成していくか、その過程を実験的研究で明らかにしている。この第5章は1930〜31年に書かれた『思春期の心理学』の主要部分を転載したものである。

ここでは、子どもが科学的概念を自らの力で形成している様子を述べている。ヴィゴツキーはこの研究から、子どもはピアジェが唱えるような概念的思考を獲得する時に大人や社会が持っている思考の枠組みを強制される形で受け入れているのではなく、子ども自らが試行錯誤しながら正しい概念に辿り着いていく過程があることを実験的に明らかにしている。それはまさに子どもが自らの発達を作り出しているということで、ピアジェ理論に対する具体的な研究による反論である。

そして、第6章の「子どもにおける科学的概念の発達の研究」では、論理的思考、あるいは科学的概念の形成を、単に大人の思想に順応していくことで得られるものではなく、また大人の指導によって一方的に形成されていくものでもないと言う。ヴィゴツキーは科学的なものの考え方である科学的概念は自然的概念、ヴィゴツキーの表現で言う生活的概念と相互に連関しながら連続的に進む過程であり、それを学習者自身の自覚の過程の下で作られるとした。

ヴィゴツキーは学習の基本の姿として、学習者と大人や指導する者、そして仲間の協同の活動の中で多様な理解の視点が交わされることで客観的な知識やより深い理解を得ることが可能になるとした。いわゆる彼の「発達の最近接領域論」である。学習者個人の理解活動である精神内活動と他者との協同の活動である精神間活動の二つの往還の中で学びと教えの活動は連続する過程の中で展開しているというのがヴィゴツキーの教育と学習についての基本的な考えである。

135

（1）生活的概念と科学的概念、その連関

　ヴィゴツキーはこの第6章の後半部分で、学校教育の中で子どもたちが科学的知識を習得していくことをどのように考えていくべきかを論じている。彼は概念を子どもに直接教えることは不可能で、仮に教育でそれを教えたとしても単なる空虚な意味を知るだけだと言う。前の第5章で取り上げた概念形成の研究から分かるように、概念とその意味は子ども自身の複雑な思考活動を通して作り上げていくものである。概念を理解していくことは対象を一般化していく主体自身の心理的活動である。だから概念を身に着けていくことはその内容を記憶することとは違うということである。

　かつてロシアの文豪・トルストイ（Tolstoy, L.N.）が自らの教育理念として生徒自身の内部の変化を重視する中で、教師が生徒に概念を直接伝え、教えるだけでは生徒が正しい知識を形成することは不可能だと言ったりした。この主張は一種、教授の可能性を過小に評価するもので、子どもの主体的活動を重視する考えから述べたものである。たしかに教え込みの思考では子どもの真の成長を実現していくことは出来ないだろう。だが、トルストイの主張には一面、正しいところがあるだろうが、あまりにも子どもの主体性だけを重視することは正しいのかというと、それも間違いであるとヴィゴツキーは言う。彼は子ども自身の生活経験の中から発生する概念、これを生活的概念としているが、これと科学的概念の形成とを切り離して論じてはいけないのであって、両者が相互に関係し合う中で真の科学的概念は学習者のものになっていくのだとした。ヴィゴツキーの言葉である。「二つの概念（自然発生的概念と科学的概念）を区別する境目は流動的である。発達の実際の過程の中ではこれらは幾度となく行ったり来たりしている。はじめに仮定として述べるなら、自然発生的概念と科学的概念の発達とは互いに影響を与え合って緊密に結びついた過程になっていると考える。一方で、科学的概念の発達は自然的発達が一定程度成熟していく水準に直接依存しているだろう。このことについてわれわれの実際の実験的研究がある。子どもの自然発生的概念がある一定の発達の段階にまでなった時に科

学的概念の発達が可能になる。この自然発生的概念が一定の水準に達してくるのは学齢期のはじめということである」（英語版 p.177）。

　ピアジェは論理的思考、つまりは科学的なものの考え方がどのように形成されてくると考えたかということだが、彼が強調したのは社会と大人の論理を既定の枠組みとして子どもに提示し、子どもはこの社会的枠組みを発達の規定路線として考える状況に置くということである。つまり、社会の成員となっていくために必要な論理の世界に進むことが発達の目標であり、それを子どもの内部へと移し込むことだとした。このピアジェの考えについて、ヴィゴツキーは次のように批判する。「ピアジェは発達の過程ははじめの基本的な思考を基礎にしてそこから新しい思考、より高次のより複雑な、より発達した思考の形態へと連続する形で発生していくものとして考えていない。ある思考の形態が次第に、そして連続的に別の形態によって追い出されていくような姿で発達を描いてしまっている。思想の社会化（socialization of thought）は個人の思考の特徴を外に押し出してしまう外的、機械的な過程で行われている。それは発達の過程をそれまでの容器の中にあった液体が外から押し込まれた別の液体によって押し出されることと似たようなものとしている」（英語版 p.175）。このようにピアジェは発達を考えてしまったとヴィゴツキーは批判する。だから、はじめにあったものに別のものが入り込んできて元のものは押し出され、そして最終的には消滅していく。これが発達の過程だとピアジェは言ってしまった。ヴィゴツキーの発言である。「発達の新しいものは外から発生する。精神発達の歴史である子どもの特徴である新しいものを作り出し、積極的に関わり、前進していくという姿がそこにはない。思考のより高次な形態は子どもから生じているのではなく、単純にそれ以外の別のものに代えられるだけである。ピアジェによれば、これが子どもの精神発達の唯一の法則ということになってしまった」（英語版 p.175）。このように、ヴィゴツキーはピアジェの発達観を厳しく批判する。

　トルストイのように子どもの内面の発達だけ、そして、逆にピアジェのように大人からの論理的思考の枠組みの押し込みという外的圧力だけでは正しく子

どもの科学的思考の発達は実現しない。それではヴィゴツキーはこのことをどう考えたのだろうか。その答えが以下のものである。

（2）論理対象について「認識しないこと」をどう超えていくか

　ピアジェは論理的思考が可能になる学童期以降の操作期からは因果関係の理解も可能になるとしていた。それ以前の段階では原因と結果の関係を理解していくことは出来ず、それも自己中心的思考の一つの特徴になっていた。例えば、前の節でみてきたピアジェの『児童における判断と推理』では、7歳から9歳の子どもに「私は病気なので、明日は学校へ行きません」という文章にある「なので（parce que）」の意味を尋ねると、多くの子どもたちは「その子が病気だ」という意味だと答えたり、その他の子どもは「その子が学校に行かないということだ」と言ったりしている。子どもたちは「なので」という言葉を知っていても、その定義を知らないで使っている。彼らは因果関係が含まれていることを「意識」していないのである（邦訳p.35、脚注5）。ピアジェはこの時期の子どもは原因と結果の間の論理的関係を認識していないと言う。このような子どもが持っている考え方や概念の基本的な特徴は、行動としては分かっていても論理的な関係として「認識していくこと」（осознание、『思考と言語』の柴田訳では「自覚」、英語訳はreflective awareness）が出来ないということである。

　ピアジェは11歳以降から子どもが論理的関係についての認識を持つようになっていくと言うが、それがどのような変化の中で起きるのかを説明していない。しかも、ピアジェは主体の内的要因について一貫して、11歳頃からは自己中心性が次第になくなり、大人の社会化された思想が入り込む形で外的なものに取って代えられるといった説明をしている。だから、ピアジェは別の説明様式が外から持ち込まれ、前の活動様式を追い出すことだとしか説明していないとヴィゴツキーは言う。それではヴィゴツキーは11歳以降の子どもが論理的関係に気づき、認識していくようになることをどのように説明しているのだろうか。

第5章　『思考と言語』にみるヴィゴツキーのピアジェ発達論批判

　ヴィゴツキーは子どもの精神発達は安定した形で進むのではなく、複数の機能間の結合や関係の変化が起きていると考えた。例えば、注意や記憶、理解過程の発達が連関し合う中で自己活動についての随意性と制御が可能になり、それで自己の活動を意識の対象にしていくことが出来るようになる。ヴィゴツキーは精神発達の基本法則として、子どもの精神発達は個々の機能の発達や完成であると考えるのではなく、機能間の結合や関係の変化に基づいて行われると指摘しているが（『思考と言語』邦訳p.260）、これはヴィゴツキーが他のところでも何度も指摘していることである。子どもの精神発達の過程で機能間の結合を自分自身の精神過程で制御していくことが、出来事を論理的に認識していく基礎を与えているのである。

　そして、この科学的概念や論理性にある対象を一般化してみていくことを促進しているのが教授の働きである。そこでは対象を相対化してみていくこと、概念が持っているヒエラルキーの体系という視点をもたらしている。だからヴィゴツキーは「（論理性を）意識する認識（conscious awareness）は科学的概念によって開けられる門を通って現れてくる」（同上英語版p.191）と言う。学校教育の中で教授を通して科学的概念は獲得されてくるのであって、自然発生的なものに完全に身を委ねてしまってはならない。だが、それは教育による一方的な教え込みを意味するものでなく、もう一つの要因である学習者の主体的な認識活動がそこに関わっている。このことを次のところで確認していこう。

3．発達と教授の間の相互連関

　ヴィゴツキーは第6章の第3節「発達と教授との相互関係」では、教えることだけでは教育は決して完成しないのであって、そこに学習者自らが教育活動を通して学習・成長していく活動が相互に関わり合っていると言う。このことを具体的な教授・学習の場面を使って説明しているのが「発達の最近接領域論」である。ここに教授と主体の学習者の活動とが連動する中で学習と発達が

起きていることを理論的なスケッチとして描いている。

（1）「発達の最近接領域」と模倣の役割

　教室で子どもが問題を解く時に、教師の教示やヒント、あるいは仲間との共同の中で助けられ、その指示を受けて取り組んだ時には発達的に進んだ解決が可能になってくる。周りから何の助けも、関わりもない時には自分が持っている知識と理解の水準で学習が決められる。この一人で学習活動を行う時の発達水準と、共同の中で問題を解く場合に到達する水準との違いが「発達の最近接領域」を作っている。「共同のなか、指導のもとでは、助けがあれば子どもはつねに自分一人でするときよりも多くの問題を、困難な問題を解くことが出来る」（『思考と言語』邦訳p.299）ようになる。教師や仲間との相互作用による精神間の活動が個人の学習変化を促していく精神内の活動へと移行していくが、これが個人の学習を促進していくものである。次には個人の内的な変化が仲間との協同の活動に変化を起こしていくことになる。ここで起きていることをヴィゴツキーは個人内部の「精神内活動」と協同の活動である「精神間の活動」という二つの局面がいつも連続的な過程として起き、相互に連関し合っていると言う。

　ヴィゴツキーは「発達の最近接領域」では学習者の模倣活動が不可欠なものになっていると位置づけている。そこで重要になるのが模倣の対象となる情報が学習者に提示されることであり、それを自己の中へと取り込んでいく活動である。ヴィゴツキーは学習の目標としていまだ自分には十分に出来ないものが提示され、それを模倣してみた時に、自分はまだ十分には出来ないことを実感すると言う。この気づきがあって出来ないことを克服しようという学習や発達の目標になってくる。

　これまで模倣については、ともすると同じものを真似するという受け身な活動として扱われることが多かった。だが、そうではなくて、学習すべき内容を模倣の対象として出されたものを通して学習や発達へ向かう動機を生んでいる。それは、学習者の中に「発達の最近接領域」が作られることでもある。

ヴィゴツキーの発言である。「学習心理学全体にとっての中心的なモメントは、共同のなかで知的能力の高度の水準に高まる可能性、子どもができることからできないことへ模倣を通じて移行する可能性である。発達にとっての教授-学習のすべての意義はここに基礎を置く。これが、実をいえば、発達の最近接領域という概念の内容を成すのである。模倣は、これを広い意味に解するなら、教授-学習が発達におよぼす影響の実現される主要な形式である」（同上邦訳pp.301-302）。

ヴィゴツキーが、「できることからできないことへ模倣を通じて移行する」と述べていることは一見すると逆説的に聞こえるかもしれない。彼は自分では出来ないことを実感することによって、出来ないことを克服しようという学習の目標が出てくると言う。

ヴィゴツキーは、模倣を半分は主体の活動、そしてもう半分は教授-学習場面で学ぶべき内容で、内的なものと外的なものの二つの折り重なりの中で事が起きていると考えた。そこでは、具体的な教授と学習として学ぶべき教科内容と学習の目標が設定され、同時に学習者自身が活動の方向を見定めていくことが可能になる。

（２）認識が目指すもの：概念の普遍性と一般性の形成

もう少しヴィゴツキーが教授と学習で強調していることを科学的概念と生活的概念との連関で考えてみよう。ヴィゴツキーは『思考と言語』第6章の後半部分では、学校における教育の基本目標を、学習者が自らの生活経験で身に着けてきた知識（生活的概念）を基礎にしながら同時に、生活経験という狭い枠を超えてより科学的、体系的な知識と理解へと進んでいくことだとした。それを援助するのが教育の役割である。ヴィゴツキーは次のように言う。学校教育の中では、子どもが持った自然的概念をもとにした理解と科学的概念は異なる二つの道が交叉しているが、子どもの内面的な理解の過程では互いに補い合い、結びつきながら進んでいく。彼の発言である。「下から上への自分の発達

の長い歴史を歩んだ生活的概念は、科学的概念の下への成長の道を踏みならす。なぜなら、それは概念の低次の要素的特性の発生に必要な一連の構造を作りだしているからである。同じように、上から下への道程のある部分を歩んだ科学的概念は、そのことによって生活的概念の発達の道を踏みならし、概念の高次の特性の習得に必要な一連の構造を用意する。科学的概念は、生活的概念を通じて下へ成長する。生活的概念は、科学的概念を通じて上へ成長する」（邦訳p.317）。

　この文章でヴィゴツキーが述べていることは、教育の場でも、より一般化可能性を持った科学的概念で自然的概念を置き換えてしまうことだけを目指したものではないということである。大事なのは科学的概念の重要性を学習者が「認識していくこと」なのである。概念として個人の狭い範囲や、そこだけで通用するものではなくて、より広い科学的概念を持つことによって自分の認識の幅を広げていくことである。これが子どもの発達と学習を動かしていく主要な力である。

　そして、正しく概念の意味を理解していくことは、概念を具体的な対象との連合的な結びつきを理解しながら、さらにある概念が他の概念とどのような関係になっているか、概念間の関係を理解していくことである。ここから概念の一般化に辿り着いていくようになる。ここにあるのは主体による概念形成の過程である。ヴィゴツキーはレーニンが概念について『哲学ノート』の中で次のように述べていたと言う。レーニンは概念というのは他の概念との多様な関係、連関としてあるとしていたが、ヴィゴツキーが注目するのは、それぞれの概念は他の概念と連関する中で存在しているということを述べた部分である。「（概念の）諸要素は、もっと詳しく言えば、次のように考えることができるであろう。……この物と他の物との多種多様な関係の全体。……各々の物（現象、等々）の諸関係は多種多様であるばかりでなく、全般的であり普遍的である。各々のもの（現象、過程、等々）はあらゆるものと結びついている」（『哲学ノート・上』邦訳p.218）。

　これはヴィゴツキーが強調している学習者の主体的な活動によって自分の発

達と学習が実現していくということであり、それは本来の意味での主体的な発達と学習を意味する。それを可能にしているのは他者や社会的ものの存在と、そこで得られる支えである。

　このように、レーニンは実践的な活動を何度も繰り返していくことで人は論理的意味を獲得していると言う。ヴィゴツキーは、人間の発達は社会の中で具体的な対象と関わる中で自己の認識を獲得していく、そのことは具体的な経験から抽象的な論理的思考へ、そしてその逆の過程の流れの中で実現していくことだとした。その底流にはレーニンの認識論の考えが流れている。

注

〔1〕レーニン『哲学ノート』のアリストテレス「形而上学」の節の関連部分の文章である。「原始の観念論によれば、普遍的なもの（概念、イデア）は独立の存在である。これは奇怪で、途方もなく（より正しく言えば、子供らしく）、馬鹿らしく見える。しかし現代の観念論でありカントやヘーゲルや神の理念も、同じ種類のもの（まったく同じ種類のもの）ではなかろうか。机や椅子と机と椅子のイデア。世界と世界の理念（神）。物と『本体』、認識できない『物自体』。地球と太陽との連関。自然一般の連関と、法則、ロゴス、神。人間の認識の分裂と観念論（＝宗教）の可能性は、すでに最初の、初歩的な抽象のうちに与えられている。個別的な事物へ人間の理性が近づき、その写し（＝概念）をとるということは、けっして単純な、直接的な、鏡のように生命のない行為ではなくて、複雑な、分裂した、ジクザグな行為であって、ここには空想が生活から遊離する可能性が含まれている。それだけでなく、抽象的な概念、理念が空想へ（けっきょく神へ）転化する可能性が含まれている（しかもこの転化は、人間に意識されず、気づかれずに行われる）。なぜなら、もっとも単純な一般化、もっとも初歩的な観念（『机』一般）のうちにさえ、空想のある一片が存在するからである」（『哲学ノート・下』のアリストテレス『形而上学』の節、邦訳pp.170-171）。

〔2〕この文中にある「格（figure）」は、『思考と言語』第２章の柴田訳では「式」と訳されているが、論理学では「格」の定訳がある。「格」は三段論法の推論の形式、いわゆるタ

イプのことで、4種類がある。全称肯定命題、Ａ命題：全てのＳはＰである、称否定命題、Ｅ命題：全てのＳはＰでない、特称肯定命題、Ｉ命題：あるＳはＰである、称否定命題、Ｏ命題：あるＳはＰでない、の四つである。

第6章

ヴィゴツキー理論の継承
―ルリヤの研究にある人間心理の歴史性―

　この章では、心理学者として多彩な活動をしたルリヤの研究についてみていくが、特にここではルリヤの研究として歴史的視点から人間心理を論じていた点に注目していく。その一つがヴィゴツキーと一緒に取り組んだ中央アジアのウズベキスタンにおける認識の文化比較研究である。この研究については第4章のところで詳しくみてきたので、ここで詳しくは述べないが、ウズベキスタンの人たちの認識活動は彼らの文化と社会の歴史的なものを背景にしてあること、それはまさに本書全体で議論している人間とその精神活動にある歴史性を議論していくことでもあった。

　もう一つ、ルリヤの研究にある人間発達についての歴史性という視点は、彼の一連の失語症研究と神経心理学研究にみることが出来る。彼の失語症の研究は言葉の働きを失った人の具体的な様子を言葉の回復までの過程を含めてまさに個人の歴史としてそこで起きていることを語っている。あるいは自伝的手法で一人の人間の人生という歴史について、その物語として描いた『偉大な記憶力の物語：ある記憶術者の精神生活』にはルリヤの個人心理の歴史に対する関心が表れている。

　なお、この章では、佐藤の『「日常言語」のリハビリテーションのために』(2023)の第4章と第7章の一部を使用している。

1. ルリヤの個性記述的研究へのこだわりとその背景にあるもの

　ルリヤの研究に一貫して流れているのは、一人の人間心理を丁寧に描いて、これを心理学研究の中心にしていくということである。それは個性記述的研究であり、人間心理を一般法則として説明してしまうとこぼれ落ちてしまう個人の心的世界と出来事へのこだわりである。それを彼は「ロマン主義科学」と表現しているが、このような彼の研究姿勢の出発点にあったものは何であったかを先にみていこう。

（1）ルリヤの研究の背景にあるフロイト精神分析学

　既に第1章のところでふれたように、ロシアでは精神分析学に対する関心の高い時代がしばらく続いていたが、革命政権では次第に精神分析学に対して西欧のブルジョワ思想であるという批判が強くなり、1933年には精神分析研究は正式に禁止された。この間、ルリヤその他の精神分析に関わったロシアの研究者たちは精神分析とマルクス主義とを結びつけて精神分析研究の生き残りを試みはしたが、結局ルリヤは1930年以降からは精神分析についての発言や研究を一切にやめてしまっている。精神分析についてふれることは身に危険が及ぶようなことであった。それではルリヤは精神分析研究を完全に捨ててしまったのだろうか。

　ルリヤは精神分析にあるような個人の心的世界に特化した研究を自身の研究の中心に位置づけ続けていた。このことはルリヤ自身が自らの研究活動を振り返りながらその歩みを自叙伝的に語った『心を創る：ソビエト心理学についての個人的見解（*The making of mind: a personal account of Soviet psychology*)』(1979) でみることが出来る。この中の第1章「見習い修行（Apprenticeship)」で、彼は自分が精神分析に惹きつけられたのは、研究方法として個別記述的（ideographic）な考え方と法則定立的（nomothetic）な思考との間の対立を橋渡

第6章　ヴィゴツキー理論の継承―ルリヤの研究にある人間心理の歴史性―

し出来るような心理学を探していたからだと述べている（pp.17-27）。ここで彼が「見習い修行」というタイトルを付けているのは、本格的に心理学者としての研究活動を始めた頃のまさに「見習い修行」の期間というへりくだった意味合いを込めているからである。もう少し彼がここで述べていることをみていこう。

　個別記述的な研究方法を目指したルリヤの研究姿勢の中には精神分析の研究手法があり、実際、彼は研究の初期にはフロイト、アドラー、ユングの著書を読んでいた。そしてルリヤは、彼らの研究は複雑な人間の欲望の起源を具体的で個人の行動について決定論的な説明をしているという点では科学的なアプローチも同時に取っていると感じた。ルリヤは精神分析が現実の心的なものについて科学的に接近出来るもので、それは一般法則的なものと個別的なものとの対立も克服していけるだろうと考えた。彼は自分がずっと持っていた心理学の法則定立的な方法なのか、個性記述的方法を取るべきなのかという二つの間の葛藤を精神分析の研究で解消することが出来ると考えた。

（２）ルリヤの個別記述的研究：ロマン主義科学

　ルリヤは『心を創る』の最終章「ロマン主義科学（Romantic science）」で、自らの心理学研究の基本姿勢について述べているが、神経心理学者として患者と常に関わりながら患者個人の心的世界を記述することを目指していく中で、個別記述的研究を基礎にしながら人間心理の一般法則の定式化も可能になると考えた。具体的には脳機能の解明を患者の心理的活動の定性的分析と連関させながら論じていこうとした。まさに彼が求める個人の内的な心理世界を大事にしていく「ロマン主義」と、そこに「科学的な」理論的定式化も位置づけていくということである。

　ルリヤはこの「ロマン主義科学」の冒頭、ドイツの生理学者で生物学者のフェルヴォン（Verworn, M.）が科学者には研究姿勢として、古典的研究とロマン主義的研究の二つがあると述べていたと言う。ルリヤはこの二つの違いは科学に対する一般的な態度でもあり、同時に研究者個人の特徴でもあると言う。

147

彼はこの二つの研究の違いを以下のように述べている（pp.174-175）。

　古典的研究者は、一つの現象について、それらを構成しているものを成分（パーツ）に分けてみる人である。この種の人たちは重要と思われる要素やそれらが組み合わさったものをまずバラバラにして分析し、最後にそこから抽象的な一般法則を定式化するという方向を取る。だが、ここから出された法則では、実際に現場で起きている現象をうまく捉えることは出来ない。このアプローチでは、詳細な内容が詰まっている現実の生きた姿を抽象的な形に還元してしまっているからである。生の現実の全体が持っているものが失われてしまっている。ゲーテが「理論が灰色として見るようにさせているが、実際に生きている樹々はいつも緑なのだ」と言っていたことを想い出させてくれるようなものである。このように、理論が生きている本当の姿を見失ってしまっていることをゲーテは『ファウスト』で指摘していた。

　これに対して、ロマン主義科学を取る人の対象に向ける態度、研究の仕方はそれとは対比的である。この人たちは前の古典的研究の人たちが行っているような単純な要素に還元して説明する方法を取らない。科学におけるロマン主義を目指す場合は、生きている現実の姿を要素に分割することや具体的な出来事が持っている豊かな内容を抽象的なモデルで表現してしまって現実にあるものを見失ってしまうことを極力避けようとする。

　もちろん、ロマン主義科学にも欠点がない訳ではない。ロマン主義科学には論理性が欠けていることや、古典主義科学の特徴である一つひとつ推論を積み重ねること、そして確実な定式化と普遍的な法則を創り上げていくという科学的手法ではやや劣る傾向にある。ルリヤは、ロマン主義科学者はしばしば論理的に一歩一歩分析をしていくことを避けてしまうことがあるし、時には芸術的なものに偏ったり、直観に頼ってしまうことがあるのも事実だと言う（p.175）。

　ルリヤは研究者として早い時期から、心理学では法則定立的（nomothetic）な方法か、それとも個性記述的（ideographic）な方法を取るべきか、その二つの間で葛藤を抱いていたことを振り返りながら次のように述べている。「この

148

第6章　ヴィゴツキー理論の継承──ルリヤの研究にある人間心理の歴史性──

相容れることのない接近方法は心理学では高次精神機能について客観的に説明する生理学的心理学か、それとも記述的で現象学的心理学のいずれかを取るという重大な選択を迫るものだった」(p.175)。

　そこで、ルリヤはモスクワ大学附属実験心理学研究所の同僚で、少し年上のヴィゴツキーの研究の姿勢に惹かれていくようになる。ヴィゴツキーは研究方法としてこの相対立しているものこそが心理学における「危機」であり、それを解決していかなければならないと主張していた。ここからルリヤは二つに折り合いをつけていく方向を目指すことを学んでいった。もっとも、ルリヤ自身の中にも二つの研究の仕方を統合していこうとする発想は既にあった。例えば、ルリヤはフロイトの精神分析学とパブロフ流の行動分析とを統合する試みを目指そうということだった。あるいは、ルリヤは早くから二つの心理学を結びつける方法として人間学的な「記述的心理学（descriptive psychology）」を取り入れようとしたと述べている。彼は実験的で一般化を求める心理学と、記述的で個別化を求める心理学とを結びつけようとした。

　このような中で、ルリヤの研究姿勢やその理論形成にも大きな影響を与えたのがヴィゴツキーだったが、ヴィゴツキーは「人間の具体的心理学」(1929)で心理学をまさに「人間化」し、一人の人間の中で起きている有り様を具体的に論じていくことが心理学研究の本来のあるべき姿であるとした。「ドラマ」としての人間の内的世界に向かっていこうとすることである。それは「人格」として人間をみていくことでもある。われわれの日常生活の中では、様々な出来事が交錯し、またそこで生きている人間の心にも複雑なことが行き交っている。ヴィゴツキーは、人間の心理とはそういうものだと言った。そしてこのことを様々な心理的活動が連関し合いながら展開しているシステムのようなものだとして、これを「心理的システム」とした。ルリヤは自分の研究をヴィゴツキーの提示した研究を継承し、発展させていこうとした。

　このように、ルリヤは二つの心理学を現実の人間の人生の諸環境に適用することによって、実践の中でそれらを結合するという特殊な方法を提案するが、最終的には「ロマン主義科学」として一つの学問を完結させていこうとした。

149

ルリヤが、心理学の方向として個人を超えた一般的な心理学の法則定立を目指すだけで人間心理についての説明が完結できるのではなく、個人の心的世界で起きていることを重視した個性記述的方法を同時に用いなければならないと主張していたことは、人間に対する説明原理についての一つの立場に立つものでもあった。

2．ルリヤの個性記述の発想による二つの研究

（1）ルリヤが心理学研究で目指そうとしたもの

　ルリヤは心理学研究が向かって行くべきことで、失ってはならないものを先の『心を創る』の中の最終章「ロマン主義科学」でさらに詳しく述べている。彼は次のように指摘している。科学の進展と共に人間の心やその病理について学問的な発展は促進されたが、そこでは人間を全体として捉えるのではなく細かい要素に分解することへと向かってしまい、本来のあるべき姿ではなくなってしまった。

　もう少し彼の発言を続けよう。20世紀はじめの技術的進展は科学研究の形を大きく変えてしまったが、その典型的なものが単一の細胞が全て生きているものの分子を構成しているという発想で、これが細胞生理学や細胞病理学へ進んでいく道をもたらした。このような複雑な現象を基本的な要素に還元するという「還元主義（reductionism）」は科学研究の指導的な原則となってはいたが、心理学の場合にはこういう学問が向かう方向は心的な出来事を基礎的な生理学的なものに落とし込むことで人間の行動を説明していこうとするものであった（p.175）。学習の場合を例にすると人間の行動形成は随伴性と強化によって説明され、人間の意識的活動も含めた複雑な行動もこれらの基本的な要素の組み合わせで説明出来るとされてしまった。このような研究の雰囲気の中で、19世紀にかつてあったような人間行動についての豊かで複雑な姿としてみていくと

150

いう考えは心理学の教科書から消えていった。

この後、生物物理学における大きな進展の結果として別の還元主義の波が襲ってきた。この時期多数の研究者たちは人間行動の過程を記憶や注意といったより高次な心理過程を含めて分子レベルで明らかに出来ると考えるようになった。このように意識的行動を顕微鏡の水準にまで下げてしまおうとすることは行動の基礎とする脳の研究でも支配的であった。人間の意識的活動は分子の推測の海の中へと沈んでいった。

そして次に最も衝撃的な「前進」がやって来た。個人の持っているものを大きく超えるような探知能力と電子装置が発明され、自己制御したコンピュータが科学の基本的道具になった。多数の研究者はコンピュータ・シミュレーションと数学的モデルに置き換えて観察することを考え始めるようになった。心理学の教科書や研究書はこの種のモデルや概念的図式で溢れてしまった。この洪水は致命的な危険をもたらし、人間の意識的活動という現実を機械的なモデルに置き換えてしまった。

生きているというこの事実にあるものを数学的な図式に落とし込み、研究の大部分を装置に依存させる傾向は特に医学で顕著にみられた。以前の医学では目立った症状を記述していくことで重要な症候を選び出していくことを基礎にしていた。このように行うことは診断と治療の両方の面で必要不可欠なこととされてきた。新しい装置の出現に伴って、こういった古典的な形の医学的な手法は背後へと追いやられてしまった。現在の医師は補助となる検査室の装置や検査テストといった一連のものを持ってはいるが臨床的な真実をしばしば見失っている。患者への観察と症状の評価はいくつもの検査室の分析に変えられ始め、これらの診断のための手段と治療計画が数学的手法と組み合わされるようになった。力のある観察者、優れた思索をする医者は次第にいなくなってきている。今日では観察し、診断し、治療することに精通した真に優れた医者を見つけるのは稀なことである。私は医学における医療機器の役割を過小評価するつもりはないが、医療の補助的装置が中心的な方法になってしまって臨床的な思考のために奉仕するという役割が逆転してしまうことに強く反対したい。

151

こうルリヤは言う。

　さらにルリヤの発言である。前世紀では、医療の補助的手段がほとんどない時は臨床的な観察と記述の技法は頂点に達していた。ルルダ（Lourdat, J.）、トルーソー（Trousseau, A.）、マリー（Marie, P.）、シャルコー（Charcot, J.）、ウェルニッケ（Wernicke, C.）、コルサコフ（Korsakoff, S.）、ヘッド（Head, H.）、メイヤー（Meyer, A.）といった偉大な医者の古典的な記述を読むと、そこに科学の技法の美しさをみることが出来る。今となっては観察とその記述の技はほとんど失われてしまっている（pp.176-177）。ルリヤはフロイトの研究もこのような今や失われつつあるものの一つであるとして臨床的な観察に基づく研究を見直すべきだと言う。

　ルリヤがこのように臨床の現場に真摯に取り組む姿勢の大切さを述べていたことについて、著名な脳神経科学者であるオリバー・サックス（Sacks, O.）が語っていたことにふれなければならない。サックスは神経科学の先輩でもあるルリヤのことを複数の著書でふれている。サックスには登山中に滑落事故にあい、左足の大腿四頭筋腱断裂のためにしばらく左足が不自由になった経験などをもとに書いた『左足をとりもどすまで』（1984）の著書がある。この著書の中でもサックスは1973年から77年にルリヤが亡くなるまでの間に親しく手紙のやり取りをしてルリヤから「人間的な医学」を目指すことに多くの援助と励ましを受けてきたと述べている。あるいは、『妻を帽子とまちがえた男』（1985）、『音楽嗜好症（ミュージコフィリア）：脳神経科医と音楽に憑かれた人々』（2007）などの中の複数の箇所でルリヤの研究を紹介している。

　サックスは1990年に「ルリヤと『ロマン主義科学』（Luria and "romantic science"）」というエッセイを書いている。これと同じものは2014年に出されたヤスニツキー他編の『文化的・歴史的心理学ハンドブック（The Cambridge handbook of cultural-historical psychology）』にも再掲されている。ルリヤが1977年に書いた「ロマン主義科学（Romantic science）」の論文を紹介しながらルリヤの研究の意義を述べたものである。

　サックスがこのエッセイの結びでルリヤについて次のように語っている。

第6章　ヴィゴツキー理論の継承─ルリヤの研究にある人間心理の歴史性─

「『人間の真の研究対象は人間である』。正しく物語を書くこと、生きている姿を正しく構成すること、全体の人間の生活の本質とその意味を表していくこと、それら全ては満ち足りており、豊かで、かつ複雑な中で営まれているが、これが全ての人間科学や心理学の最終的な目標でなければならない。ウィリアム・ジェイムズは既に1890年代にこのことを見取っていた。だが、その達成は夢物語でしかなかった。……だが、私たちには特権が与えられている。というのは、この世紀になってフロイトとルリヤが創り上げてきた大きな『想像を絶するような研究の姿』をみている。『これは始まりにすぎない』とルリヤはいつも語っていた。『私は初学者にすぎない』と。ルリヤはこの始まりに辿り着くことに全生涯を捧げてきた。彼は『ロマン主義科学を創り上げ、また再創造することが自分の人生で望んでいくことだ』と語っていた（1973年7月19日のルリヤからの私信より）。ルリヤは間違いなく自分の人生で切望していたことを成し遂げたし、事実、新しい科学、それは世界の新しい科学、そして最初にしてたぶん、あらゆるものの古典になるようなものを創り上げた」（p.193）。なお、サックスの引用文の冒頭にある「人間の真の研究対象は人間である」は、17世紀の英国の詩人・アレキサンダー・ポープ（Pope, A.）の言葉である。

　近年、ロマン主義科学の代表者はサックスである。彼は長いこと患者たちと深く関わりながら優れた研究を行ってきた。それはまさに、ルリヤのアプローチを強く思い出させるものである。サックスは、異常な脳と行動とが関係している問題に重要な貢献をし、それらは、精神についてのより強力な理論を発達させていくことを可能にするものだった。サックスによれば、ロマン主義科学の核心は、分析的な科学と個人個人のケースの総合的な伝記を補完することであり、小説家の夢と科学者の夢との結合である。

　重要なことは、ルリヤとサックスは神経心理学者と脳神経科学者であり、同時に患者と直接関わりながらセラピーを行っている実践家だったということである。彼らは患者を人間として研究し、彼らの障害を実践的に改善することを通して、自らが出した理論の正しさを実証していこうとした。

153

（2）ルリヤが取り組んだ個性記述研究

　ルリヤが『心を創る』の最終章「ロマン主義科学」で、自らの心理学研究の基本姿勢を述べた中で強調したのは、神経心理学者として患者と常に関わり、患者個人の心的世界を記述することを大切にする研究を目指そうということであった。そのことは彼がまとめた二つの著書に具体的に表れている。『偉大な記憶力の物語：ある記憶術者の精神生活』（1968）と、『失った世界と取り戻した世界：一人の戦傷者の歴史』（1971）の二つである。前者は驚異的な記憶力を持った一人の人物についての研究の記録で、この人物の心的世界をまとめたものである。後者はルリヤの失語症研究の出発点ともなったもので、第二次世界大戦の独ソ戦争で脳に銃弾を受けて重度の失語症になった人の研究である。それぞれ、ソロモン・シェレシェフスキー（Shereshevskii, S.V.）と、レフ・アレクサンドロヴィッチ・ザシェッキー（Zasetsky, L.A.）という個人の心的世界で起きていることを心理学的分析により研究したものである。後者の内容については次の第3節で詳しくみていくことにして、前者の研究を先にみていこう。

　この著書に登場するシェレシェフスキーは日本語訳のものではロシア語のШерешевскийの頭文字のШを使って「シィー」と表記されている。彼はバルト三国のラトビア出身の人物で、新聞記者をしていた。彼は新聞記事のためにインタビューした内容を正確に記憶出来るという並外れた記憶力の持ち主で、新聞記者の仕事にはうってつけであった。

　ルリヤがこの人物と関わるようになったのはモスクワ大学の附属実験心理学研究所にいた1920年中頃からで、この人物が勤めていた新聞社のデスクの発案で自分の記憶力について調べてほしいということで研究室に訪ねてきたことから研究が始まった。ルリヤは約10年間にわたってこの人物の詳しい調査研究を行っている。この研究についてはかなり後の1960年に論文としてまとめられ、また最終的に一冊の本として1968年にモスクワ大学出版局から出版されている。この研究所にはヴィゴツキーも既に在籍しており、ルリヤのこの著書にはヴィゴツキーがこの人物と出会ったことも書かれている。

第6章　ヴィゴツキー理論の継承──ルリヤの研究にある人間心理の歴史性──

　ルリヤは様々な側面からこの人物の記憶能力を調べているが、彼は50、70個という数の語や数字を何の苦労もなく憶えることが出来たし、数字の長い系列再生も順唱だけでなく逆順で唱えていく課題も容易に出来ていた。彼の記憶力にはほぼ限界がなかった。そして、彼の記憶の特徴は憶える記憶の量だけでなく、一度憶えたものを数週間、数か月、時には何年にもわたって憶えていることだった。ルリヤの研究で分かったことは、この人物は直観像の持ち主であり、高いイメージ能力と「共感覚」を持っていることだった。

　そして、この人物は自分の特異な能力に気づき、新聞記者を辞め、最終的には自分の能力を生かすべく記憶術家になるが、彼には自分の芸を披露していく中では記憶を消すことが出来ないで苦しむというわれわれには想像し難い苦労もあった。彼は高いイメージ能力や記憶力を持つ反面、観念的・抽象的思考とのバランスが取れず同音異義語や比喩の理解、抽象的思考能力も劣っていた。この知性のアンバランスに苦しみ、彼は最後に自殺をしてしまった。

　ルリヤがこの人物の研究を通して明らかにしたかったことは、優れた記憶がどういうものであるかを知るだけでなく、記憶能力というものが一人の人物の様々な心理活動である思考様式、生活の仕方、コミュニケーションなどにどのように作用しているかを明らかにすることであった。いわばこの人物について研究資料からトータルに把握し、記述していくことが研究の主眼であった。彼が『偉大な記憶力の物語』のはじめの章の「意図」で述べていることだが、心理科学では感覚、知覚、注意と記憶、思考と情動というようにそれぞれ別個の特性を扱うだけで人間の心理生活の全構造がこれらの側面にいかに依存しているかを考察することはきわめて稀であった。

　シェレシェフスキーについての研究から分かったことは言語を媒介にすることなく対象を丸ごと覚えることは、抽象的に物事を捉えることや概念理解といった抽象的な思考活動に大きな制約を与えているということである。ルリヤが取り組んだこのシェレシェフスキーと、この後の節でみていく戦争の犠牲で失語症になったザシェッキーについての研究は共に観察と記述を重視するもので、個人に固有な特殊性に注目したものであった。これらの研究でみられる彼

155

の研究姿勢はその後に続く脳損傷者のアプローチによく表れている。

3. ルリヤの失語症研究と神経心理学

　ルリヤの心理学研究の中心にあるのは言語の問題、中でも失語症の研究であり、また言語を司る高次脳機能に関する神経心理学の研究である。ルリヤの失語症についての研究は、第二次世界大戦で脳に損傷を受けたことで失語症になった人の症例分析とその治療に取り組んだことから始まっている。具体的にはドイツ軍がロシア領内に侵攻してきて、それを阻止しようとしてドイツ軍と壮絶な戦いをした、いわゆる「独ソ戦争」の犠牲になった兵士で、脳に損傷を受けたことで意味失語症になった患者の治療である。

　この初期の研究成果が『外傷性失語症（*Traumatic aphasia: its syndromes, psychology and treatment*）』（1947/1970）という大部のものにまとめられている。この著書で扱われている失語症の症例は脳卒中等によって生じた失語症の場合とはいくらか異なっており、失語症の中でも主に意味失語症を中心としたものである。この著書は1959年には改訂版が出され、英語版が1970年に出版されている。その後、ルリヤは前頭葉の腫瘍によって失語症の症状を呈した患者などの研究を幅広く行っている。

　なお、ルリヤの研究同様に、独ソ戦争で犠牲になったロシア兵のリハビリテーションとその研究には心理学者が動員されており、アレクセイ・N・レオンチェフとアレクサンドル・ザポロジェツ（Zaporozheto, A.V.）といった著名な心理学者による『手の働きのリハビリテーション（*Rehabilitation of hand function*）』（1960）がある。

（1）一人の脳損傷者の世界から

　彼の失語症研究の出発点になったのが重度の失語症の人を論じた『失った世

第6章　ヴィゴツキー理論の継承――ルリヤの研究にある人間心理の歴史性――

界と取り戻した世界：一人の戦傷者の歴史』（邦題『失われた世界：脳損傷者の手記』）（1971、邦訳は1980）である。この本は独ソ戦争で頭部に銃弾が当たって脳に大きな傷害を受けた一人の兵士が書いた日記にルリヤが補足と解説を加えたものである。著者はルリヤとなってはいるが、正確にはこの日記を書いた本人のザシェツキーとの共同の著書である。

　ザシェツキー（Zas.と表記されている）は戦争が始まる前は機械学研究所で技術を学んでいた23歳の学生だったが、急遽学校修了の形を取って戦争に動員された。彼は西部戦線で進攻してきたドイツ軍と火炎放射器小隊を指揮して戦っていたが、銃弾による左半球の限局性脳損傷によって高次精神機能障害になってしまった。彼は自分の脳と精神はバラバラになってしまったと語っている。彼はその後複数の病院で治療を受けたり、リハビリテーションを受けることになるが、それとは別に彼は自ら、脳が壊れてしまったこと、そのことで自分の中に起きたことを日記の形で書くことを始める。それは26年間にもわたって行われた。実はこの日記に書くという作業は彼の自身の言語を取り戻していくためのリハビリテーションでもあった。ルリヤがザシェツキーとはじめて会ったのは銃弾を受けて病院に運ばれてからおよそ3か月後の1943年の5月であった。以後ルリヤと彼との長い付き合いが始まる。

　ザシェツキーは人の話の内容も理解出来なくなっていたし、言葉もその意味も記憶から消えてしまっていた。物の知覚にしてもそれが何であるのかも分からなくなったし、頭の中でそれをイメージとして形にすることも出来なくなっていた。物の名前も当然分からなかった。われわれが経験するような物忘れのレベルどころではなかった。様々な情報の結合と統合が出来なくなっていた。空間についても見当識がおかしくなっており、自分の動作がどういうことを意味するのかも分からず、看護師に手招きしようとしたが手をどう動かしたらよいのか忘れてしまっていた。夢と現実との区別もあやしくなっていた。

　ザシェツキーはルリヤの言う脳の第三機能系の部分にまで損傷が及んでいたために、計画的にものを考え行為すること、順序立てることといった行動の統制に多大の支障を生じてしまっていた。行動の調整もおかしくなり、退院して

157

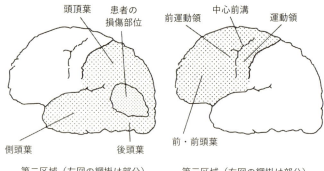

第二区域（左図の網掛け部分）　　第三区域（右図の網掛け部分）
図1　患者・ザシェツキーの損傷部位と損傷拡散部分
(ルリヤ, 1971、邦訳より)

　自宅にいた時も窓を修理しようとしてガラスをはめて釘で止めようとしたが金槌の使い方が分からずガラスを割ってしまったり、斧で薪を割るという単純な作業も出来なかった。心理学ではよく手続き記憶や運動性の技能学習は意味記憶とは違って永続すると言われたりするが、この種の記憶も脳の第三機能系が損傷してしまうと影響を受けてしまうということである。
　ザシェツキーが直接損傷を受けたのはルリヤの言う脳の第二機能系（図1左の第二区域）と、銃弾の破片が広がって損傷が拡大した第三機能系（図1右の第三区域）の部分である。
　ザシェツキーは様々な部分で精神機能の障害を持ってしまったが、特に言語機能とそれを支える言語記憶の障害が大きかった。ここで注意をしておくべきなのは、ルリヤが指摘しているように言語領域の記憶がなくなったということではなく、言語に関わる情報のネットワークがうまくつながらなくなってしまったということである。まさに情報の結合と統合に問題が生じてしまった。ルリヤ曰く、「各部分をある完全な全体へ統合する部分」（邦訳 p.178）の損傷である。そこでザシェツキーは文章を読めなくても自分の考えや経験を文章にしていくことを始める。だが、この作業は並大抵のものでなく、当てはまる単語を探していくのに大変な労力が必要で一日かけて数行しか書けない日が続い

た。「何ケ月もの間、私は毎日毎日、散り散りになった記憶から言葉を寄せ集め、考えをまとめ、それを書きつけるのに時間を要した」（邦訳p.119）。だが、彼は毎日それを続け、3000ページにも及ぶものを書いた。この作業を通して次第に与えられた文章の意味も理解するようになり、話す能力もゆっくりとだが回復していった。

　それでも脳の第三機能系の損傷のために順序の理解は最後まで難しかった。文の内容が語順通りであれば彼は容易に理解をすることが出来た。「冬が来た。寒くなった。池が凍った。子どもたちがアイススケートをしに行った」といった文は簡単であった。だが、「ドゥーニャの学校では工場からやって来た女性労働者の一人が報告した」という文章の理解は出来なかった。「誰が報告したのか、ドゥーニャって誰？　労働者とは？」。こういった文章は分からなかった。ルリヤが出した次の文章の場合も同じであった。「その木の枝に、鳥の巣があります」という子ども向けの文であるが、枝、木、鳥，巣の単語を一つの構成に結合して理解することに困難を感じた（邦訳pp.180-181）。これは最後まで続いて彼の理解の限界を超えていた。

　このような最後まで残った障害がありながらも彼は毎日の文章を日記として書くという地道な作業を続けた。そして、ルリヤはこの一人の人物の世界を通して脳の中で起きている一人称の世界と三人称的な脳科学の研究を関連づけていった。ルリヤが一人の失語症患者の世界と患者自らの努力によって少しずつ自分の言葉を回復していく過程を描いているのはまさに一人の個人の歴史そのものであり、ヴィゴツキーが強調している人間精神を個人レベルにみる歴史性という枠組みでみていくことであった。そこには様々な生活の中の出来事や活動の積み重ねを通してしか描くことが出来ないものがあり、だからこそルリヤは本人が書き続けた日記を大切にして、そこから失語症になった人の回復のためのヒントを探っていこうとした。

（2）脳の機能単位系と機能間の連関

　ザシェツキーの症例でルリヤが主に言語機能に関わって述べている脳の三つの機能単位系についてみていこう。このことを詳しく述べているのがルリヤの『脳のはたらき：神経心理学入門（*The Working brain: an introduction to neuropsychology*）』（1973）で、邦訳は『神経心理学の基礎：脳のはたらき』（第1版：1978、第2版：1999）である。

　ルリヤは脳の高次機能を三つの機能単位系に分け、それらに対応する脳の部位について説明をしているが、そのことをザシェツキーがみせた症状と照らし合わせながらみていこう。

　第一次機能単位系はトーヌスまたは覚度（vigilance）の調整・維持を保障する単位系で、皮質下の脳幹、網様体、辺縁系の皮質下の複数の諸領域がこの機能を担っている。第二次機能単位系は外界からの情報の受容、加工、貯蔵の働きをしており、後頭葉、頭頂葉でその役割をしている。

　第二次機能単位系は第一次領域、第二次領域、そして第三次領域に分かれている。第一次領域は情報のモード（様式）による特異的な反応があり、視覚、聴覚、体性感覚の知覚情報毎にその受容・分析を分化して行っている。これに対して第二次領域では情報モードによる特異性は低く、情報の加工と認識というコード化が中心になっている。第三次領域では個々の情報を統合して知覚としてまとめる処理を行っている。これは大脳では、主に側頭葉、後頭葉、頭頂葉が合流する下頭頂小葉で働いていて、語の意味といった抽象的な意味情報を第三次機能単位へ移行させていく過程で働いている。ここでは情報の統合によって抽象化された経験の貯蔵という記憶と関わっている。ザシェツキーが個々の具体的な対象や経験内容の記憶が呼び戻されなくなってしまったのもこの部分が機能しなくなったことによる。

　第三次機能単位系は精神活動のプログラミング、調整、制御の働きを行う単位系で、前頭葉の脳組織がその役割を担っている。ここでは各要素情報をつなげて時間と空間の継時的な系列にしていく働きをしている。自己の行為を計画

第6章　ヴィゴツキー理論の継承──ルリヤの研究にある人間心理の歴史性──

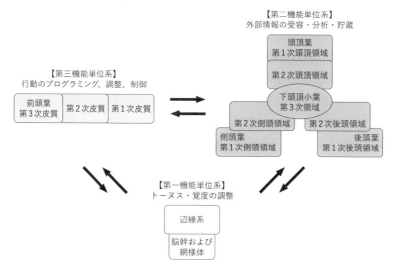

図2　ルリヤの三つの機能単位系
（稲川, 2022, p.89をもとに作成）

し、モニターしながら調整・修正していくといういわば自己の意識活動の制御を行う重要な働きをしている。この部分が機能しなくなったために生じる症状はザシェツキーがみせた行動からも分かる。

　三つの基本的な機能単位系はそれぞれが相互に関連し、協調しながら機能していくことで精神活動として遂行しているが、そのことを示しているのが上の図2である。

　ルリヤは失語症の症状を先にみた機能単位系をもとにしながら説明しているが、第二機能単位系と第三機能単位系の損傷部位によって失語症の分類を行っている。基本的には第二機能単位系が損傷している時には、それぞれの情報を選択・統合することに問題が生じるために解読の障害が起きてしまう。第三機能単位系が損傷をしてしまうと各情報要素を時系列的につなげて情報として総合して理解し、産出（表出）することに問題が生じる。

　ルリヤはザシェツキーのような意味失語症の人の言葉の回復の試みを多数

161

行っている。このような人は、文章や発話内容の概念的な階層構造や理論的な意味関係の理解が出来なくなっていることが多い。例えば前述のように、ザシェツキーは、「冬が来た。寒くなった。池が凍った。子どもたちがアイススケートをしに行った」といった文は容易に理解することが出来たが、「ドゥーニャの学校では工場からやって来た女性労働者の一人が報告した」という文章は理解出来ないという反応をみせた。この二つの文章にはシンタグマとパラディグマという形式の違いがある。イヌが吠えている、少年がイヌを叩いているといったように発話や文が一つの方向に連続的に並び、ひと続きの構造になっているものはシンタグマ的な形式と言われるものである。これに対して、パラディグマ的な形式というのは、父の弟という文のように概念的な階層関係や論理的な意味関係を表すもので、発話や文の関係としては縦の意味構造を示しているものである。だからパラディグマは時には上位・下位のカテゴリー的関係を表現したりする。ルリヤは、単語の概念的連合が出来ない意味失語の患者の場合は「三角形は円の下にある」といった空間的な位置関係の理解が出来なくなっていることから、訓練では「上」「下」といった位置関係の理解のためのプログラムを使って言語訓練を行っている。テキストを構成している個々の文や発話では個々のメッセージを関連させるテキスト間の横の関連性の読解（「シンタグマ」）だけでなく、それを概念として縦の関係として把握する「パラディグマ」のレベルの読解が可能になることを言語訓練の最終目標として設定している。

　ルリヤとツベトコーワ（Luria & Tsvetkova, 1968）は頭頂－後頭下部領の損傷で空間定位障害や論理と文法、計算の操作が困難になり、意味失語症になった41歳の女性に、「コース立方体組み合わせテスト（Kohs Block Design Test）」を用いて空間構成の訓練を行っている。例えば、図3のように4個のブロックで図形を作る課題では、上半分のところを図4のような間違った組み合わせをしている。図3の課題をみていく時、まず上下の二つを分けて考え、それぞれのところで図形の直角の向きに注目していくことで、空間の定位が正しく出来ることを目指していった。

第6章　ヴィゴツキー理論の継承——ルリヤの研究にある人間心理の歴史性——

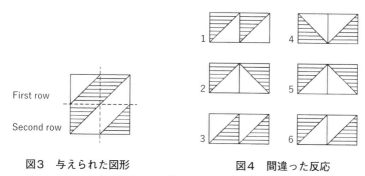

図3　与えられた図形　　　　図4　間違った反応
(いずれも Luria & Tsvetkova, 1968 より)

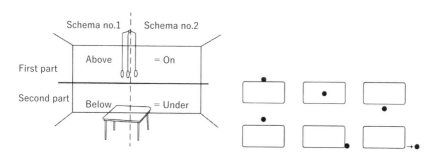

図5　空間的なパラディグマ関係の理解のための課題
(Luria & Tsvetkova, 1968 より)

　ルリヤはザシェツキーに対しても同じような空間的な位置関係を表現する言葉の意味を理解していくことを目指した訓練を行っている。そこでは次のような空間配置が描かれた絵を使って、「モノが上にある」、「下にある」、「そばに置かれている」、「上に置かれている」といった空間の定位を正しく出来るようになる訓練を行っている（図5）。最終的にはパラディグマ関係（例えば、above、belowなどの関係）の理解能力を高めていくことが目指され、ザシェツキーは少しずつ空間的なパラディグマ関係を表現できるようになった。
　これらについてはルリヤとツベトコーワの論文（Luria & Tsvetkova, 1968)、ルリヤの『神経言語学の基本問題（*Basic problems of neurolinguistics*)』(1976) で

163

確認することが出来る。なお、ルリヤの失語症の分類は今日広く使われている分類とは用語等で違っている。ルリヤの場合は大脳における第二機能単位系と第三機能単位系の働きとその障害をもとにしているが、これはルリヤの場合は戦争で脳に損傷を受けたために言語に障害を負った比較的若年の患者を対象にしていることと、今日みられる失語症の患者の多くは脳血管障害によって生じていることとの違いによる。

（3）前頭葉シンドロームと随意行動の障害

　ルリヤは神経心理学の研究として前頭葉に傷害を受けたことで行動調整機能に多大な影響を受けたいわゆる「前頭葉シンドローム」について心理学的研究を行っている。ここには言語系と随意運動系との機能連関の問題がある。ルリヤは『人間の脳と心理過程』(1963-70) にある「前頭葉損傷時の行為の調節の傷害」(1963) と、プリブラムとルリヤ編の『前頭葉の心理生理学 (*Psychophysiology of the frontal lobes*)』(1973) の中のルリヤの論文「前頭葉と行動調整 (The frontal lobes and the regulation of behavior)」で、前頭葉の損傷によって行動調整に問題が生じてしまうことを取り上げている。

　前頭葉が損傷すると一つの行動に固執し、自分の行動の不適切さをモニターし、評価する能力が著しく低下する。ルリヤたちはこのような行動の崩壊がどのようにして起きるのか、その形態を正確に記述しながらその要因を探っている。前頭葉に損傷がある患者であっても、手を動かし把握することに支障がない時には目の前にあるものを取ってほしいとか、自分の指を握ってほしいといった指示には無理なく応じることが出来る。だが、複数の行為が伴った課題が出されると適切な行動が出来なくなってしまう。例えば、マッチに火をつける時、既に火がついているのをマッチ箱にこすり続ける行動をしてしまう。あるいはマッチでろうそくに火をつけた後、そのろうそくを口に入れようとする。これは煙草に火をつけてそれを吸うという習慣的な行為が出てきてしまうためである（『人間の脳と心理過程』邦訳pp.171-173）。

第6章　ヴィゴツキー理論の継承——ルリヤの研究にある人間心理の歴史性——

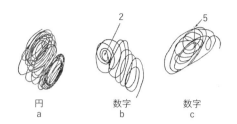

図6　前頭葉損傷の患者の固執した行動（1）
（ルリヤ, 1963, 邦訳p.173より）

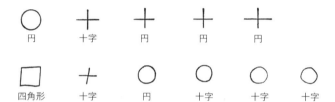

図7　前頭葉損傷の患者の固執した行動（2）
（ルリヤ, 1963, 邦訳p.174より）

　以下の事例は、重い前頭葉シンドロームの患者の反応である。患者Kに円を描くことを求めると、患者は円を描くがこの動きを止めることが出来ずにこの行為を繰り返し続けてしまう。そして2と5の数字を書いてもらおうとすると、書き始めた途端に惰性的に前の円を描き続けてしまっている（図6）。この原因をルリヤは次のように説明している。前頭葉の深部に出来た腫瘍のために前頭皮質と皮質下神経核との間の機能連鎖が破壊されてしまったことによるもので、これは行動が調整出来ない運動性自動症が背景にある（同上邦訳p.174）。
　あるいは別の患者Pは、最初に円を描いた後、それに続けて十字を描くことは出来るが、その後円を描くように求めると直前に十字を描いたためにこれに固執して十字を描き続けてしまう。あるいは四角形と十字、円を正しく描いた後で、十字を描くように求めても円を描き続けている（図7）。
　前頭葉が腫瘍のために損傷した患者が描いたものは、図形だけでなく具体

165

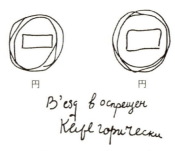

図8　左前頭葉に腫瘍がある患者Vの不完全な図の結合例
（ルリヤ, 1963-70、邦訳p.176より）

な物を絵で表現する場合でも同じような固執した行動をしてしまう。最初に指示した対象を描くとそれに固執してしまい、別の対象を指示してもそれを描くことをしない。腕時計を描く指示に対しても、最初に描いた眼鏡を描き続けてしまっている。

　前頭葉に傷害のある患者にとって最も難しいのは、同時に違った図形を複数の系列の形で描くことである。二つの円と四角形を描くことを求めると、円だけを惰性的に描き続けてしまう（患者N、左前頭葉に腫瘍。同上邦訳p.175）。このように、彼らは自分のやっていることを振り返って修正することをしないで惰性で同じ行為を繰り返し、調整するという意識がなくなってしまっている。このように、一つの行為に固執してしまうのが前頭葉を損傷した場合の共通の反応である。

　前頭葉に腫瘍がある患者Vは、マイナスの記号と長方形、そして円を描くことを求めると、これを系列ではなく一つにまとめて図形にしてしまい、さらにこの図の下に「進入禁止」の道路標識として描いてしまう（図8）。この患者は自動車運転手であったために過去の経験の固定されたイメージが再生されてしまい、それで描いている。

　前のところでもみてきたように、ルリヤは前頭葉の機能として第二機能単位系が損傷してしまうと統合することに問題が生じてしまい、第三機能単位系の

第6章　ヴィゴツキー理論の継承―ルリヤの研究にある人間心理の歴史性―

損傷の場合は各情報要素を時系列的につなげて情報として総合して理解することに大きな困難を示すことを指摘しているが、それらの傷害は言語行為だけでなく言語以外の図形の描画といった認識系でも起きている。

（4）ルリヤの失語症研究とフロイト失語症論の見直し

　ルリヤは1930年以降、フロイトの精神分析について一切言及しなくなり、研究そのものもやめてしまったことは前の章、そして本章の冒頭のところで述べた通りである。それまでロシアでは盛んに行われてきた精神分析研究が、西欧文化の中で生まれてきたブルジョワ主義であるという批判が強まったことで禁止されてしまったことは既に述べてきた。それではルリヤは一切、フロイトについて研究することはやめてしまったのだろうか。たしかに、ルリヤの1930年以降の研究にはフロイトについて直接ふれたものはないが、実はルリヤの失語症研究はフロイトが若い頃に神経学者として失語症について論じた「失語症の理解にむけて：批判的研究」（1891）とつながりがあるのと、フロイトがこの論文やその後に彼が書いたものの中にも脳局在論について否定的な考えを展開していたことと、ルリヤが局在論について批判的な立場を取っていたこととは連続性がある。もちろん、ルリヤとフロイトの失語症論とを一緒にすることは出来ないが、ルリヤの神経心理学にみる個人の力動的で複雑な心理的過程を論じる姿勢にはフロイトの思想が反映されている。このことを詳しく述べているのがソームズ（Solms, M.）らの『神経精神分析入門：深層神経心理学への招待』（2002）である。

　フロイトは「失語症の理解にむけて：批判的研究」では、神経学者として失語症の言語装置における機能の障害について脳と言語機能の障害を関連づけて論じていた。その意味では、フロイトは言語、特に彼の言う「語」や発話とそれがもたらす「語音心像」という心的活動を中心にしながら言語活動とその障害を考えていたが、それらを神経活動の過程とその機能という神経学の知識を基礎にした議論をしていた。フロイトは当時主流になっていた失語症を言語の

167

機能を司っている脳の特定の部位、特にブローカとウェルニッケ領野の障害で説明する脳局在論ではなく、言語装置として想定した要素同士の機能的な連関として論じていた。そこでは機能論として複雑な過程の中で形成と崩壊が起きており、単一の病巣における破壊や障害で起きるとは考えなかった。そして、機能論の立場から言語の崩壊は言語の形成とは逆の時間順序で起きているという、いわば言語の機能的層理論を唱えた。このフロイトの説明は英国の神経学者のジョン・ヒューリングス・ジャクソン（Hughlings Jackson, J.）の考えをもとにしたものであった。彼は言語の形成と崩壊の問題について局在論に強く対立していた。彼の考えは前の段階で形成されたものは消えないで残り、後になって学習したものは消えやすいという「退行説」であるが、例えば名詞は早く忘れやすく、動詞や形容詞は忘れにくく残るというように、発達として先に獲得したものは残るということであり、母語はいつまでも残り、後になって学習した外国語は忘れてしまうことが多いというものである。この考えは言語学者のヤコブソン、そしてヴィゴツキーとルリヤへとつながっている。

　フロイトの反局在論の考えは彼の人間精神、特に無意識の問題でもみられる。初期に属する彼の1915年の「論稿」の中に「無意識」と題する論文があり、ここで「無意識」についての基本的考えを論じているが、この第2節の「無意識の多義性と局所論的見地」では心的出来事を脳の特定の部位毎に局在化しているという考えは成立するのかと疑問を出している。結論として、フロイトは心の行為について局所論的にみることは出来ないとした。フロイトは「心の出来事の局在性を推定しようとするあらゆる試みも、諸表象が神経細胞の中に蓄えられていると考えて興奮が神経繊維の上を動いてゆくとみなすあらゆる努力も基本的には暗礁に乗り上げている」（邦訳pp.221-222）と言う。意識的な心の活動の解剖学的な座を脳皮質に見つけることも、無意識の過程を皮質下の脳部位に置いてみようとすることも同じような結果になると言うのである。

　フロイトはここでは、脳の機能系の内的構造を脳の組織と直ちに関連づけないで、まずは心理学的な分析をしていくこと、そして次に心理学的過程と対応する脳における相関物を同定していくことだとしている。フロイトは複雑な

第6章　ヴィゴツキー理論の継承──ルリヤの研究にある人間心理の歴史性──

心的能力を脳の狭い部分に局在化されているのではなく、複合的な心的過程に「中枢」があると考える代わりに脳の各区域が動的に構造化あるいは配置されているとしたが、この考えはルリヤの神経心理学研究に継承されている。

　ルリヤはフロイトの初期の研究である「失語症の理解にむけて：批判的研究」をさらに発展させるべく神経心理学研究に取り組み、特に失語症についての基礎研究と臨床的研究を行ったということである。ルリヤの失語症研究ははるか前のフロイトの失語症論を進展させるものであった。フロイトの場合は失語症についてその発話装置の末梢にある一次運動感覚機能に関わる脳の機能部位だけを取り上げていたが、ルリヤは末梢の機能だけを問題にするのでなく、発話過程の全構成要素について機能的な連関とその局在化を問題にした。そこでは、複数の異なった言語機能系に関わっている部位、局在を考えると同時に、それらの機能的連関を考えるという彼の独自の理論である「体系的力動的局在論」になっている。

4．ルリヤ、人間精神の機能的連関と「体系的力動的局在論」

　ルリヤは失語症の研究を積み重ねて、そこから独自の神経心理学研究を構築している。彼は神経心理学研究として脳の損傷が精神的活動にどのように作用しているかを論じた時、それまで広く言われてきた大脳の機能的局在によって心的過程の傷害を説明しないで、局在的な脳機能も脳全体にある他の局在部分と相互に関連し合って一つのまとまった働きをしているという「体系的力動的局在論」の考えを提唱している。ルリヤのこの主張は彼の失語症研究ばかりでなく、人間精神を神経心理学の視点から論じていく理論の中心になっている。彼は、訓練によって障害の回復を目指していく時、人間のあらゆる精神、身体は単一の機能としてあるのではなく、それぞれが全体として機能環として働いて複数の機能を新たに組み直していくと位置づけた。ルリヤの「体系的力動的局在論」と「機能系の再編成」の考えをみていこう。

169

（1）ルリヤの体系的力動的局在論と実践に向かう姿勢

　ルリヤは神経心理学研究の中で脳の損傷が精神的活動にどのように作用しているかを説明する時、大脳の機能的局在だけでなく、局在的な脳機能も脳全体にある他の局在部分が相互に関連し合っているという「体系的力動的局在論」の立場を取っている（鹿島・加藤・本田, 1999；エイラム, 2003）。ルリヤは障害に伴う脳の責任部位を限定する「脳局在論」でも、またゴルトシュタインらに代表されるような「全体論」でもなく、機能的に連関して一つのシステムを構成しているとしている。脳の機能には局在化されている側面も一部にはあるが、高次精神機能というのは脳の特定の部位に固定化されないで、体系的、かつ力動的につながっていると考える。実際、ルリヤは『脳のはたらき：神経心理学入門』では、高次心理機能は機能の系としてそれらを構成している構成環が相互に連関しながら脳領域全体として協調して機能していると述べている。

　もう少し『脳のはたらき：神経心理学入門』の内容をみていこう。彼は第1章「脳の局所的損傷と機能の局在化（Local brain lesions and localization of functions）」の後半部分の「症状という概念を見直す（Revision of the concept of symptom）」の節で高次精神過程の障害と脳の損傷とをどう結びつけていくかという議論をしている。

　彼は、これまでの研究では単純に特定の精神機能の障害を脳の局在化された部位の損傷によって生じているとする考えがあったが、それは間違った発想であると言う。精神機能の局在化についての古典的研究では、脳の部分の損傷が起きた後の行動の変化の観察を使用しながら特定の精神機能（会話、書くこと、あるいは読むこと、練習、さらには霊的認識）の傷害がある特定の脳の部位の破壊の結果によって生じていること、そしてこの精神機能は脳の特定の部分に局在化されていることの直接的な証拠であることから出発してきた。だが、このような単純化された考えは事実として見直しを迫られることになった。

　感覚の傷害は脳の外側面にある脳回の一部の中心後回やその神経束の損傷の表れであり、一次体制感覚野のブロードマンの3、1、2野が損傷したためであ

第6章　ヴィゴツキー理論の継承——ルリヤの研究にある人間心理の歴史性——

り、それと同じことは視野の損傷も網膜の傷害、視索、視覚野の傷害としている。このような症状を特定することは損傷の診断の情報を限定することを意味しており、そこから神経回路の機能の局在化の考え方になる。感覚や視野の損傷は網膜や視索といった視覚領野に限定出来る脳領域に局在化されていることはあるものの、それと高次精神機能が脳の部位に局在化された脳活動とその損傷によることとは別のことだということである。

　仮に精神活動は大脳皮質（そしてある時には脳の広がっている領域を含む）の協調し合った活動である一つの集合だとするならば、これら大脳皮質の領域の傷害は機能系が統合されていないことになるだろうし、症状や特定の機能の欠損というのもその局在化によってはいないことになる。このようにルリヤは指摘して、人間の精神活動の障害と脳の損傷との関係は特定の局在化された部位の損傷によるのではなく、局在化された複数の部分が力動的に連関し合いながら作用していると言う。このいわゆる「力動的局在化」のための研究方法として彼は、はじめに症状の確定を心理学的分析によって明らかにしていくこと、次の段階として脳の部位の損傷を明らかにする「症候の分析」へと進めていくことという二つの手順を踏んで研究を進めている。

1）治療の第一段階：心理学的分析による症状の確定

　ルリヤは第一段階としては症状について心理学的分析を綿密に行うことから始めていくべきだとして次のように述べている。症状（つまり特定の機能の欠損）を確定することから、次にそれに対応している精神活動の「局在化」がどうなっているかという議論へと進んでいくためには長い道のりを進まなければならない。その中でも最も重要なのは「障害の構造についての詳細な心理学的分析と機能系の崩壊をもたらしている直接の原因を解明することであり」、別の言葉で言えば、「観察された症状について詳細に確定していくことである」（英語版 pp.34-35）。脳の局在部分の損傷だけで議論するのではなく、絶えず障害として表れている機能についての心理学的分析を脳の損傷と対応させて分析していくということである。

171

「『症状』という概念を見直す」の節の結論としてルリヤは次のように指摘している。「研究者にまず先に求められる課題は『観察された欠損の構造を研究することと、その症状の内容を確定していくこと』である。このことを行った後でのみ、はじめて『観察された症状の背景にある基本的な要因を特定していく仕事』によって欠損の根底にある『病巣の局在部位』について結論を導き出すことが可能になる。『病巣の局在』と『機能の局在』とは同じではなく、脳の局在部分の損傷の方法が『機能の局在』（あるいは、もっと具体的に言えば機能系の脳の組織化）についての結論を出していく前に症状のためには複雑な構造の分析を必要としており、それは神経心理学の研究方法の基礎でもある」（英語版p.38）。

　これと同様のことをルリヤは「アメリカとソビエトの臨床的神経心理学における基本的な研究方法（Basic approached used in American and Soviet clinical neuropsychology）」（Luria & Majovski, 1977）の中の「ソビエトの臨床的研究の質的図式（Qualitative scheme of Soviet clinical investigation）」の項目のところでも述べている。ソビエトの神経心理学は米国のそれとは違って、脳は機能的組織化としてそれぞれ単独に作用していると同時に全体としての脳の働きに関わっているものとして捉えている。これはルリヤの言う「体系的力動的局在論」である。彼は次のように指摘している。様々な要因の障害で引き起こされた症状は複合的な構造をしており、その障害の原因も多様であり得る。そういうことで、症状は注意深く分析し、「確定」していかなければならない。これがソビエトの神経心理学が取っている方法の基本的な目標である。

　『脳のはたらき：神経心理学入門』第1章でルリヤが言っていることは、脳の局在的な欠損を明らかにしていくためにもはじめにしっかりとした心理学的評価と分析を行っていくことであり、それは脳の特定の局在部分の傷害を明らかにしていくことでもある。

2）治療の第二段階：症状の分析
　「症状という概念を見直す」の節に続けて、ルリヤは第二段階の脳の部位の

損傷を明らかにしていく「症候の分析と心理的過程のシステム的組織化」の節では、次のように指摘をしている。「症状を確定することは心的過程の大脳における組織の分析のための第一段階である。そのためにこの分析が信頼足りうるもので、局所的な脳の病理についての結果が心的過程の構造と人間の大脳皮質における局在化の両方の解明へとつながっていくことが必要である。次の第二段階では単一の症状の確定から完全な症状の複合体の記述へと進んでいかなければならないが、それは一般的に言われているように局在する脳の損傷で引き起こされる行動変化の症候の分析へと進んでいくということである。既に述べてきたように、人間の精神活動は協調的に働いている脳の構造の結合を通して実現しており、脳のそれぞれの部分は全体として一つの機能系を作っている。実際には全体としての機能系は広く実に多くの領域の損傷の影響を受けており、またそれはそれぞれの異なった局在化されている損傷部位で障害となって表れている。そして、脳は機能系として協調し合いながら活動をしている」（英語版pp.38-39）。

（2）ルリヤの治療に向ける基本姿勢

　ここまでのことをまとめよう。ルリヤにとって、高次精神機能は、それぞれの機能系を構成する要素はダイナミックなもので、まさにシステムとして動いているものである。そこで、高次脳機能のどこがどのような形で障害されているのかを診断したうえで、そこから脳損傷後の機能回復の可能性を目指すリハビリテーションを行うことになる。これまでみてきたように、ルリヤのリハビリテーションは、失語症、失行症、失認症、記憶障害を中心とした高次脳機能障害の回復を目指したもので、前頭葉損傷に起因する思考障害と言語障害の回復が中心になっている。

　彼の基本的な考えは、人間の随意運動は複数の大脳皮質機能の知覚、注意、記憶、判断、言語などの機能間連関によって発達・回復するということである。そこで、患者が自己の認知過程を適切に活性化させて言語活動、あるい

は運動を制御することで、リハビリテーションによる回復が可能になると考える。リハビリテーションの実際の過程では、1. 症状（機能障害）の神経心理学的分析と評価を行い、2. 課題を通して機能系の構成環を取り込み、内部構造を変えながら再構成をしていくという二段階で行われることになる。つまり、患者の脳（精神）に対して「問い（認知課題）」を与え、それによって高次脳機能障害を発見し、治療するという連続的な過程である。

（3）機能系の再編成

　ルリヤの失語症をはじめとする神経心理学における機能回復を目指した臨床研究で取っている基本的な考えは、関連する他の機能部位を再編成することで機能回復を目指していくことである。この考えは障害を起こしているのを特定の皮質部位に限定する局在論ではなく、他の機能部位との連関を促していく訓練を通して新しい機能連関を促進していくことである。「機能系の再編成」とは、「障害された機能が関連する別の解剖学的領域によって、以前とは異なる操作方法で損傷前と同様の機能が達成される」という考えである。ここでルリヤの機能回復のための前提になっているのは、前のところでもみたように、脳機能の局在論だけで説明することには限界があるということである。この章で何度も取り上げている『心を創る』の中で、ルリヤは機能系について脳の局在論を批判しながら次のように述べている。皮質の局在性の問題を研究している人の多くは「機能（function）」という用語を「特定の神経組織の機能（function of a particular tissue)」のことを意味していると理解している。例えば、胆汁の分泌が肝臓の機能であり、インスリンの分泌が膵臓の機能であると考えることは全く自然なことである。明かりについての知覚は網膜の光感領域とそこに接続している視覚皮質の高度に専門分化した神経の機能によっていると考えるのも同じように理にかなっている。だが、このような定義は「機能」という用語の全ての用法と一致している訳ではない。私たちが「呼吸機能（function of respiration)」と言う時、これを特定の組織の機能として理解することは出来な

174

第6章　ヴィゴツキー理論の継承──ルリヤの研究にある人間心理の歴史性──

い。呼吸の究極の目的というのは肺胞に酸素を供給して肺胞の壁を通して血液中に酸素を拡散することである。この過程の全体は特定の組織における単一の機能ではなく、一つの完成した機能系として分泌、運動、神経の各器官のそれぞれ異なったレベルの構成要素から成っているものの中で行われている（p.123）。

　この「機能系（functional system）」は複合的構造だけでなく、その構成要素の可動性も異なっているということだが、この用語はアノーキン（Ahokhin, P.K.）によって1935年に導入され、進められたものである。呼吸の本来の働きであるホメオスタシスの乱れの回復とその最終的な結果である肺の肺胞へ酸素を送り、それに続いて血液の流れの中へ吸収していくことは変わることなく行われている。だが、これが行われている方法が明らかに変わることがある。例えば、呼吸している時に働いている主な筋肉の集まりである横隔膜が働くのを止めたとすると、肋間筋が働くようになるが、もし何らかの理由のためにこれらの筋肉が損なわれてしまった時には咽頭の筋肉が動いて動物も人間の場合も息を吸い込むことを始め、完全に別の経路で息は肺の肺胞に届くようになる。別の機構によって変わらない仕事がみられるということが「機能系」の基本的な形であり、その優れた働きなのである。

　もう一つの優れていることとして、「機能系」は複雑な構成から成っていて、求心系と遠心系の二つの神経経路を持っているということである。この組み合わせは運動機能の面で示すことが出来るが、このことはロシアの生理学者で数学者のベルンシュタイン（Bernshtein, N.A.）によって詳しく分析されているものである。空間の中で自分の位置を変えようとしたり、あるポイントをめがけて打ったり、ある行為をする時の運動は決して遠心系の運動インパルスだけで起きているのではないということである。動くことが出来る関節から成っている人の歩行装置というのは運動に関係している様々な異なった関節が関与していることから多数の自由を持っているということである。そして、運動の全ての段階で筋肉の最初の緊張は変わっているということで、運動は基本的に遠心系の運動インパルスだけで制御されていないということである。運動のために

175

起きていることは求心系のインパルスによって始まる運動が安定して正しく起きる必要があって、そこから動かしている肢の位置情報と筋肉の状態の変化が得られてくる。この複雑な歩行の構造は変化することのない課題と変化する方法による実行によって保つための基本的な条件を満たすために必要なことである。全ての運動には複雑な機能系の特徴があるということ、その実行に関わっている要素はその特徴として相互に変更可能であるということである。というのは同じ結果が全体として別の方法によっても得られているという理由からである（第7章「脳機能の乱れ」pp.123-125）。

　もちろん、ルリヤは言語機能を考えた時に脳の特定の部位の働きとして説明しなければならないこともあって、一部は局在論として説明しているところもあるが、それを固定的にみるのではなく、それぞれの複数の言語機能と関わる局在（ルリヤはこれを局在と言わずに機能単位系と呼んでいる）は相互に連関しながら機能しているというのが先にみた「体系的力動的局在論」である。ルリヤの機能系の考えはアノーキンとベルンシュタインから多くの示唆を得たものである。ベルンシュタインはモスクワ大学の附属実験心理学研究所に在籍していて、ヴィゴツキー、そしてルリヤとも身近にいた人物である。

　ルリヤの周りには同じような世代の優れた研究者たちがおり、その中でルリヤ独自の理論と臨床研究を展開していった。ちなみに、ベルンシュタインとヴィゴツキーは共に1896年生まれ、アノーキンは1898年生まれ、そしてルリヤが一番若い1902年生まれである。

5.　本章のまとめとして、ルリヤの神経心理学研究とヴィゴツキー　　理論の継承

　ルリヤが失語症の研究に取り組み、失語症の問題を通して最終的には彼独自の神経心理学研究を構築していったきっかけになったのは、理論的にはヴィゴツキーの影響と、もう一つは失語症の治療という臨床的な実践経験であっ

176

第6章　ヴィゴツキー理論の継承──ルリヤの研究にある人間心理の歴史性──

た。ヴィゴツキーとルリヤとは文字通り共同研究者として、ヴィゴツキーがモスクワ大学の附属実験心理学研究所に研究員として来た1924年からヴィゴツキーが亡くなる1934年の10年間研究の交流を続け、ヴィゴツキーの死後もルリヤは彼の心理学思想を継承したヴィゴツキー派の中心的な役割を果たしてきた。

　ルリヤが神経心理学研究の中で脳の損傷が精神的活動にどのように作用しているかを論じた時に、前に述べてきたように、それまで広く言われてきた大脳の機能的局在によって心的過程の傷害を説明するのではなく、局在的な脳機能も脳全体にある他の局在部分と相互に関連し合って一つのまとまった働きをしているとする「体系的力動的局在論」の考えである。

　ルリヤのこの主張はヴィゴツキーから受け継いだものであった。ヴィゴツキーは人間精神の発達やその障害について複数の機能間の連関によって説明するという「心理システム論」を発達と障害の説明原理の基本としていた。彼の「心理システムについて」(1930)では脳の障害と心的活動との関連を取り上げて、次のように指摘している。「脳の精神過程の実体となるのは個々のばらばらの活動領域ではなく、脳の器官全体の複合システムである」(邦訳p.33)。このようなヴィゴツキーの考えはルリヤに受け継がれ、ルリヤの独自の考えである「体系的力動的局在論」へと発展している。

　ルリヤは『脳のはたらき：神経心理学入門』で、脳の機能系の構成原理に当てはめながら「複合的な精神機能の大脳皮質外の組織化 (extracortical organization of complex mental functions)」と表現している (英語版p.31)。つまり、人間の意識的活動は常に外的な補助的道具や助けを受ける形で実現しているということである。ルリヤは、ヴィゴツキーが以前に個人の発達 (個体発生) はその高次精神過程の構造の変化だけでなく、これらが相互に関係し合いながらまさに「相互関係的な組織化」(英語版p.32) として起きていると指摘していたことは、人間発達と大脳の組織化を考えていくうえでの重要な視点になっていたとも言う。

　ルリヤは『心を創る』の中では、何度もヴィゴツキーの研究が自ら研究のう

えで大きな糧になってきたと言う。自分が言語の現象で初期の研究では運動研究の方法とヴィゴツキーの理論とを結びつける方法を用いて研究を進めたが、特にヴィゴツキーは外的世界との相互連関を媒介していくものとして人間だけが持っている道具としての言語があることを強調していた（p.165）。そして、失語症（感覚失語と意味失語）の神経心理学の問題に取り組んだ後に人間行動の高次に組織化された系として言語の研究を始めることになった。

　ルリヤが明らかにした失語症について、特に意味失語症と脳の局在化の問題はかってヴィゴツキーが『思考と言語』（1934）や「心理システムについて」で失語症の問題を論じている中で、失語症の障害は個々の単語とその意味の欠落ではなくて、概念としての記号の使用法が過去の言語発達の水準に戻ってしまったことによると指摘していた。ルリヤはヴィゴツキーの研究を継承・発展する形で言語の意味、さらには失語症者の概念的水準での理解とその障害を大脳皮質の損傷と関連づけながらその回復を目指す議論をしている（『心を創る』の第9章「脳の機構」pp.165-188）。

補 章

ソビエト・ロシアの
フロイト精神分析研究のその後

スターリンが1923年に政権を取ってから精神分析学は西欧の堕落したブルジョワ主義に基づくものだという批判が強くなり、ロシアにおける精神分析研究の拠点であったロシア精神分析協会は1930年には解散させられ、1933年には正式にソビエト・ロシアにおける精神分析研究と臨床活動は禁止されてしまう。これまでの章でも取り上げてきたが、ヴィゴツキーとルリヤは新しい心理学を目指そうとしたその出発点に精神分析の可能性を位置づけていた。特にルリヤはロシアにおける精神分析学の普及に熱心であった。ヴィゴツキーも「心理学の危機の歴史的意味」(1927)では、フロイト学説について批判的な論調で述べながらも、熱心な検討を重ねていた。だが、精神分析に対する風当たりが強くなった1933年以降はヴィゴツキー、ルリヤの二人は共にフロイトのことを一切口にしなくなった。それでは、ソビエト・ロシアでは精神分析研究は全くなくなったのだろうか。

1953年にスターリンが死去した。ソビエト社会でスターリン時代の恐怖政治が直ちに変わることはなかったが、それでもゆっくりと時代は変わっていった。1956年にはフルシチョフがスターリン批判を行い、いわゆる「雪解け」を迎える。作家のソルジェニーツィンの『イワン・デニーソヴィチの一日』が出版され、強制収容所の事実が西側にも知られようになり、「雪解け」は加速された。だが、フルシチョフの死後、再び揺れ戻しが起きた。そのこともよく知られている。

このような時代の動きの中で、ソビエト・ロシアの精神分析学は独特の位置

179

づけを行いながら新しい展開を始めている。このことを詳しく論じているのが、本書で何度も取り上げているミラーの『フロイトとボルシェヴィキ：帝政ロシアとソビエト連邦における精神分析』（1998）の三つの章（第7章「スターリン以後」、第8章「無意識についてのリハビリテーション」、第9章「精神分析とソビエトの歴史」）である。

　以下、ミラーの著書とヴィゴツキー研究者のコズリン（Kozlin, A.）が『ユートピアの心理学：ソビエト心理学の社会的歴史（*Psychology in Utopia: toward a social history of Soviet psychology*）』（1984）の第4章「無意識の問題」で述べていることを参考にしながら1960年前後からのソビエト・ロシアにおける精神分析と無意識の研究をみていこう。コズリンはこの第4章では、ソビエト・ロシアのフロイトの精神分析の扱い方として三つの時代変化をあげている。第一期の1920年代の心理学者を中心に広く議論されていた時代、第二期の1935年前後の禁止と抑圧の長い時期、そして第三期の1960年前後からの復活の時期である。なお、第二期までのことは本書では既に取り上げてきたので、本章でみるのは第三期からのもので、特に無意識研究の新しい動きであるウズナーゼとバッシンの研究である。

1．ソビエト・ロシアにおける無意識についての新しい研究

　1960年代にソビエト・ロシアでフロイトとは違った形で無意識の研究を行った二人の人物がいる。一人は神経症の問題を扱った精神神経学のミャスィーシチェフ（Miasishchev, V.N.）で、もう一人は心理学者であり哲学者でもあったウズナーゼ（Uznadze, D.N.）である。

　ミャスィーシチェフは心理学の分野では言及されることがなく、ミラーの第7章「スターリン以後」の「フロイトではないフロイト：ミャスィーシチェフとウズナーゼ」ではじめてその研究の内容を知ることが出来る人物である。その研究を簡単に述べると、彼は神経症の原因を患者が自分で出来ると思ってい

補　章　ソビエト・ロシアのフロイト精神分析研究のその後

たことが実際には出来なくなってしまったギャップから生じる葛藤に求めており、日常の行動の中の自分の能力に不安を抱えてしまうヒステリー反応であると説明をしている。ソビエト・ロシアでも西欧とは政治体制が異なっていても神経症の問題を抱えた人は少なからずおり、治療と研究は依然として必要であった。

　彼は1920年前後にベヒテレフが創設した精神神経学研究所で実践的な活動をしており、多数の研究成果を1960年に『性格と神経症（*Personality and Neurosis*)』としてまとめている。彼は教育科学アカデミーの会員であったが、医学分野の科学アカデミーには所属していなかった。それは当時行われていたパブロフ流の治療とは異なっていたことによるもので、こういった処遇は彼の研究を正しく理解していない誤解によるものだった。

　彼の『性格と神経症』は入手困難なのでどのような治療過程が行われたのかは不明だが、推測するに患者のトラウマ状態から生じた自己制御が不可能になった時に別の行動を取ることで自らの感情を統制する方向に向かわせるというものである。今日の認知行動療法に近いものと推察される。あるいは彼は精神分析の考えも使っており、フロイトだけでなくアドラーやサリヴァンの精神分析も利用している。ミャスィーシチェフの研究にはフロイトの無意識とは違った形で患者の神経症の治療過程の中に無意識レベルのことが起きているとして無意識の過程を論じている。

　もう一人、フロイト精神分析学とは違った形で無意識の問題を論じたのがウズナーゼで、彼の「構え（set)」理論である。ウズナーゼについては、ミラーの第7章と、コズリンの第4章「無意識の問題」でも取り上げている。

　ウズナーゼはソビエト連邦に属していたグルジア（現在のジョージア）の高校を終えてドイツに渡り、1907年から1910年の間にライプツィヒ大学で心理学と哲学を学んでいる。ここではヴントやフォルケルトに学んでいるが、ヴントの意識主義心理学から意識と無意識の問題を考えていくきっかけを得ている。その後、彼はロシアの地で、観念論で知られる哲学者のソロヴィエフ（Soloviev, V.）の下で研究をした後、1920年に祖国・グルジアのトビリシ大学に戻り、そ

181

こで生涯研究を続けている。1926 年にはベルクソンを一元論の観点から説い
た論文（Bergson's monismus）を書いている（Kozlin, 1984 の第 4 章の注、p.166）。

　ウズナーゼの研究の出発点は心理学よりもむしろ哲学にあった。それを背景
にしながら彼は知覚行為を方向づけている心的態度である「構え」についての
研究を進めているが、それは感覚運動的な行為のための予期的な心理物理学的
な反応に関するものであった。彼は無意識の問題を科学的に究明しようとした
が、そこでは哲学の現象学的研究を背景にしながらそれを実験的な手法で解い
ていこうとした。そこにはベルクソンの『物質と記憶』の影響の一端をみるこ
とが出来る。

　グルジアというモスクワから離れた地で研究を行っていたウズナーゼたちは
モスクワの政治的な状況からは距離を置きながら人間の動機と無意識的な行動
についての議論が出来た。その意味で彼らはフロイト主義の立場を取っていな
がらも精神分析を批判することが多い中でその批判も免れていた。彼の「構
え」の心理学はその後、ソビエト・ロシアの研究者だけでなく、内外の意識研
究者にも広く影響を与えている。彼の「構え」の研究から無意識の問題に接近
していこうとしたということである。

　先のミャスィーシチェフ、そしてウズナーゼはコズリンの言う第二期の時
代には表に出ることなく研究をしていた人たちだが、1960 年になってから研
究が注目されるようになった。ちなみにミャスィーシチェフは 1893 生まれで、
1973 年に世を去り、ウズナーゼも同時期の 1886 年に生まれ、1950 年に没して
いる。次の節でウズナーゼの「構え」理論と無意識研究をみていこう。

2．ウズナーゼの「構え」と無意識の研究

　ウズナーゼの「構え」についてその概要を確認しておこう。彼の言う「構
え」は意識的な精神活動の基礎にあるもので、意識の前段階で知覚的行為や問
題解決の状況の中での基本的反応というものである。いわば精神活動を無意識

補　章　ソビエト・ロシアのフロイト精神分析研究のその後

のレベルで決めているもので、フロイトの精神分析における無意識の概念とは
異なり、無意識を意識的な活動を方向づけていく連続的過程として論じている
のが特徴である。

（1）ウズナーゼ、「構え」の実験的研究

　ウズナーゼの具体的な研究をみていこう。彼は感覚・知覚刺激を用いて知覚
の対比錯覚が起きることを実験的に検討し、これらの対比効果が無意識的な過
程で起きていることを明らかにしている。その研究の概要を簡単に述べると、
大きさが違う（20センチ、28センチ）図形（円、三角、四角）を二つ同時に複数回
瞬間露出器で提示して、大きさが同じか否かの判断を求める。これが「構え」
を形成する試行になる。その後、同じ大きさのもの（24センチ）を二つ出すが、
実験の協力者は前の試行で出した大きい方の図形（28センチ）の側に置かれた
ものをより小さいと判断してしまっている。実際は24センチという同じサイ
ズにもかかわらず、対比効果で錯視が起きている。反対に前の試行で20セン
チの図形が置かれた方の場所にある図形を大きいと判断している。そして、こ
の対比による錯覚は催眠をかけて行った場合も同じ結果であったことから、こ
の対比効果による錯覚、彼の言葉で言う「構え」は本人が意識しない催眠状態
の無意識の過程でも同様に起きていたということである。この無意識の過程で
起きていることで無意識を実験的に研究することが可能になっているとした。
　図形を用いた場合と同じ錯覚の現象は物の重さを推測する大きさの判断の場
合でも起きていた。目を閉じて重さの違う二つのボールを手に持って軽重を判
断してもらった後、今度はどちらのボールが大きいかを尋ねると、重かった
「ボール」の方をより小さいと知覚していることが分かった。ここでも対比錯
視が起きていた。ウズナーゼたちはここでみた感覚・知覚の研究だけでなく、
色やその数の知覚、触覚刺激による触覚反応、音刺激による聴覚反応などによ
る構えの形成や事物の分類による概念形成とその発達についての研究など多岐
にわたる研究を行っている。

183

これらの研究は彼の死後、モノグラフ『構えの心理学（*The psychology of set*)』（1966）としてまとめられている（ロシア語原本の出版は1961年）。ウズナーゼの研究については先のコズリンとミラーも関連部分で簡潔に紹介しているのと、ウズナーゼの研究を日本に紹介した川口の複数の論文（川口, 1969, 1983）がある。川口からはウズナーゼの研究の思想的背景も知ることが出来る。

（2）ウズナーゼの意識と無意識についての議論

　ウズナーゼの「構え」の研究がユニークで重要なのは無意識を意識と対立する形ではなく、相互に連関する中で人間の行為展開の過程で作用しているとしたことである。そこには彼のドイツで学んだ経験が反映されている。特にフッサール現象学で言われている志向性の考えで、人間の認識活動を全体論としてみていこうという発想である。特定の活動を方向づけている「全体論的志向性」を人間の認識の基本に位置づけるということで、条件反射学が主張したような人間の行動を単体としてみるような見方を取るのではなく、あくまでも一つのユニットとして人間の認識と行為を考えようとする姿勢がそこにはある。

　ウズナーゼの実験的研究から明らかになったことは、無意識は人間の活動の形で表れてくるもので、無意識的なものはまさに外的世界の刺激と個々人の意識、そして活動とをつなぐ媒介の働きをしているということである。だから彼は「構え」を活動の動因や動機と関連させながら推測のレベルを超えて議論している。あくまでも具体的に認識の中で機能するものとして扱っている。

　ウズナーゼの無意識の考えはその本質としてフロイトの無意識論とは異なるものである。彼は『構えの心理学』の冒頭で、無意識を問題にしてきたこれまでの心理学では無意識を否定的な機能として捉えてしまい、またそれを意識のない精神状態だとしてきたが、それは間違った見方であると言う（p. ix）。ウズナーゼの場合は無意識を意識の活動を方向づけていく肯定的な働きをするものと位置づけている。もちろん、ウズナーゼは無意識の働きそのものは認めており、彼もフロイトの無意識論は神経症を中心にした精神病の治療に効果を発揮

補　章　ソビエト・ロシアのフロイト精神分析研究のその後

していると評価はしている。

（3）ウズナーゼの理論とその理論的背景

　彼はこの『構えの心理学』の後半で理論的な整理をしている中で、「構え」は「人格」という全体の状態の中では特定の心的な機能としてあり、しかもそれは瞬間的に働いていると言う（pp.211-212）。そして、全体としての活動であるから、一連の連続的な精神活動は決して心的世界の閉じられた中ではなく、あくまでも生きて活動している個々人の生活の中で起きていると考える。そこでウズナーゼはマルクスの『ドイツ・イデオロギー』の一節を取り上げながら、出発点にあるのはあくまでも生きて活動している人間たちであり、意識とは意識された存在以外の何ものでもないと言う（p.199）。ウズナーゼが注目した『ドイツ・イデオロギー』でマルクスが述べていることをここでもう少し確認しておこう。物的対象に働きかけて得られる生産的活動の実践と労働の結果は、何事かを生み出し、それが反省的思考と表象となる。そしてこの表象は次の計画的な実践となる。これが意識を生んでいく。

　ウズナーゼは外的対象との関わりの中で表象が生まれ、それが無意識と意識の連続的な過程を通して意識的表象あるいは意識そのものを生んでいくという連続的な過程、ないしは複数の層機能として展開するとしている。その発想は、かつて若きフロイトが神経学者として人間精神を論じた時に使った英国の神経学者のヒューリングス・ジャクソンの「機能的層理論」で言う人間の脳の活動も、そして人間の精神世界も異なった層における複数の活動の相互連関であると述べていたことと同じである。この「機能的層理論」の考えは言語学者のヤコブソン、そしてヴィゴツキー、ルリヤの理論で共通に取られているものである。

　実はウズナーゼの「構え」の心理学は、ライプニッツ（Leibniz, G.W.）が『モナドロジー（単子論）』（1714）と『人間知性新論』（1704）の中で展開している人間の精神活動を複数の層の間で相互に連関して働いていると捉える考えを参

185

照していた。そのことをウズナーゼ研究者の川口は「構え理論の基本構想：人間科学としての心理学の形成」(1983) で指摘している (p.79)。ライプニッツは『モナドロジー（単子論）』で、「単子（モナド）」は細かく分割することが出来ない一つの実体で、それは多数のものが統一されてあるというものである。それを身近なものに喩えると細胞がそれに当たる。彼はこのことを「一なるもの、すなわち単純な実態のなかで、多を含むもの」(邦訳p.20) としている[1]。

　ライプニッツは『モナドロジー（単子論）』では、「微小表象」が全て機械的に意識として上る表象になるかというとそうではないと言う。われわれは波の一つひとつを構成する微小表象から全体の海のざわめきを感じるという意識を持つことになるが、微小表象が全部意識となっていく訳ではない。表象だけの微小表象もあって、この単純な実体がモナド（単子）である。彼はこのように意識に上ることがない表象と、意識を伴う意識的表象の二つを区別する。さらにこの意識的表象の微弱なものとなっているのが無意識的表象であり、ライプニッツはこれら三つの間の連続的な関係と移行の過程の中で人間の主体の活動を位置づけている。外部世界との関わりをみていくという人間の知性の総体論を論じたということである。『人間知性新論』は表題から連想されるように経験論で知られるジョン・ロックの『人間知性論』に対する批判の書である。

　このように、ウズナーゼが無意識の問題を孤立した静的な機能ではなく、意識との相互的な過程としてみていこうとした背景にはライプニッツの考えがあった。ウズナーゼの無意識・意識論は広く人間精神を主体的で、複数の活動の機能的な連関としてみていこうとした。それはヴィゴツキー、ルリヤの人間精神を機能連関とみることと共通するものである。

　ミラーはウズナーゼの「構え」の研究を概観した結論として、ウズナーゼはフロイト主義でもパブロフ主義でもない新しい無意識の概念を提示していると言う (Miller, 1998の第7章)。ウズナーゼは精神分析が問題にしていることとは別の無意識の機能に注目した。彼の「構え」の現象はまさに全ての意識的な活動の基礎にあるというものだった。

186

3．もう一人のヴィゴツキー・ルリヤ派：
バッシンの意識・無意識研究と主体の行為制御論

　バッシンの意識と無意識についての研究をみていくが、彼はヴィゴツキーの
統合失調症の研究などにも影響を与えており、ヴィゴツキー・ルリヤ派に属す
る研究者であった。1960年からのソビエト・ロシアの意識と無意識研究に大
きな功績を残した人物である。フィリップ・バッシン（Bassin, F.V.）は1905年
生まれで、1992年に亡くなった精神科医、神経生理学者である。ルリヤの3歳
年下だが、ほぼ同じ世代である。彼はヴィゴツキー、ルリヤと一緒に仕事を
し、共同研究をしていたが、日本ではほとんど知られていない。

（1）ヴィゴツキーたちとバッシンのつながり

　ヴィゴツキー、そしてルリヤたちは1930年頃から起こった「児童学」批判
（本書p.34）を避けようとして研究拠点を一時、モスクワからウクライナのハリ
コフ（現在のハルキウ）に移している。バッシンもヴィゴツキーらと同様にウク
ライナに移り、精神科医としてウクライナ精神神経学アカデミーの臨床心理学
部門で活動している。

　バッシンはヴィゴツキーの統合失調症の思考活動に関する研究とのつながり
で統合失調症の問題に取り組んでいた。彼は統合失調症というのは社会的な
意味やその概念が後退してしまった状態になっているといった趣旨の説明を
1934年頃に述べている。実はヴィゴツキーの「心理システムについて」（1930）
の第6節「統合失調症の心理学」でも臨床医の一人が統合失調症の人は社会的
関係の意味を失っていると語っていると記述しているが、この臨床医とはバッ
シンのことである。

　ヴィゴツキー自身が1930年頃には統合失調症についての論文を複数書いて
いるが、そこには精神科医であるバッシンの影響が当然あった。ちなみにヴィ

ゴツキーの統合失調症に関するものには複数の論文がある。「心理システムについて」(1930) の第3章の後半部分にある記述 (邦訳「統合失調症の心理学」、原文には表題はついていない。英語版はpp.101-110)、『思春期の心理学』(1930-31) の第3章「思春期における高次精神機能の発達」の中の「精神分裂病の研究」、『ヴィゴツキー障害児発達・教育論集』の第9章「困難を抱えた子どもの発達診断と児童学的臨床」(1931) にある3「児童学的研究の方法」の第2節「精神分裂症の研究と治療法」、そして「Thought in schizophrenia (統合失調症の思考)」(1934) の四つである。

これら四つの論文でヴィゴツキーが統合失調症について述べていることを簡単にまとめると、ヴィゴツキーは心理学の観点から統合失調症者の思考形式と概念形成の特徴を論じている。これまでの統合失調症の多くの研究では、クレッチマーの研究に代表されるように、統合失調症の患者の思考様式が正常でないことが強調されてきたが、ヴィゴツキーはそうではなくて、統合失調症者は基本的な心理機能は正常で、記憶、知覚、注意などは正しく保持されていると指摘している (Thought in schizophrenia, p.314)。他方では、彼らは感情や情動行動が暴走したり、逆に鈍麻になるといったように概念作用に影響を与えてしまう弊害があること、その意味では概念の機能に問題を抱えているのが彼らの特徴であると言う。ヴィゴツキーは統合失調症者というのは本来社会が持っている集団生活の中で獲得したものを思考としてまとめていくシステムが分裂してしまったために生じてしまったと考えた。つまり、統合失調症の感情の激しさや鈍麻、知的レベルでの問題等の精神的症状というのは内的な世界での機能間を統合するシステムの問題から生じているという説明である。だから、彼は次のように述べている。「個人の社会的に形成されたシステムの崩壊はその本人の外的な精神間関係が崩壊してしまったことの一つの側面ということである」(「心理システムについて」英語版p.104)。このようなヴィゴツキーの精神の病に対する基本姿勢はバッシンへと引き継がれている。この後みていくように、バッシンは無意識を意識過程や現実の活動の形となって表れていると考えたが、そこに二人の統合失調症に対する説明の共通性がある。

188

補　章　ソビエト・ロシアのフロイト精神分析研究のその後

　その後、バッシンは1936年からはモスクワの全ソビエト連邦実験医学研究所に移り、そこでベルンシュタインとも一緒に仕事をしている。ちなみにニコライ・ベルンシュタインもヴィゴツキーとは1930年まではモスクワ大学附属実験心理学研究所の同僚として、生理学研究や運動科学の研究者として密接な関わりを持っていた。ヴィゴツキー、ルリヤ、ベルンシュタイン、バッシンの四人は親しい研究仲間ということであった。なお、ベルンシュタインはヴィゴツキーとルリヤ、そして映画製作者のエイゼンシュタインと映画の研究を始めようとした時にもそこに映像の分析で関わろうとしていたし、ヴィゴツキーが自宅で夫人と長女と一緒に写っている有名な写真があるが、これを撮影したのもベルンシュタインである。以上のことは、ヤスニツキーとヴェーア（Yasnitsky & van der Veer, 2016）でふれている。

（2）バッシンのフロイト学説の新しい展開

　バッシンはソビエト科学アカデミーの医療部門のメンバーとして1958年に開催されたフロイト主義のイデオロギーに関する会議で、フロイトの無意識の問題の新しい展開の方向を論じている。ここでの彼の発言内容は1958年の『心理学の諸問題（*Voprpsy Psikhologii*）』誌にまとめられており、その英語訳が1960年の『ソビエト評論（*The Soviet review*）』の「フロイト主義についての批判的検討（A critical analysis of Freudianism）」である。

　ここで彼が述べていることは、フロイトの精神分析と無意識の問題に科学的な視点をどう入れていくかということで、ソビエトにおける思想的な伝統でもあった弁証法的唯物論からフロイトの観念論的な人間心理の解釈を超えていこうとした。彼が注目したのはフロイトの若い時の神経学者として行った失語症についての論文、「失語症の理解にむけて：批判的研究」（1891）で、失語症を神経ネットワーク構造として説明する脳神経科学的アプローチである。フロイトはこの論文で当時の失語症研究で主流であったブロカ、ウェルニッケの脳局在論とは違った考えを展開して言語の機能を担っている神経部位間の機能的連

関とその全体的な把握として失語症を論じていた。あるいは同じ頃、フロイトは幼児の恐怖症や不安神経症の問題や脳性小児麻痺について脳損傷の仕方が損傷の部位や時期によってそれらが生じる違いがあることにも取り組んでいた。これらの研究から分かることは、脳神経科学者としてフロイトは反局在論の立場を取っていたことである。後のヴィゴツキーとルリヤも反局在論の考えで、バッシンも同じ立場であった。

　バッシンがフロイトの観念論的な解釈を超えていくための手がかりをどこに求めたのかということだが、実はバッシンは意外にもフロイト自身の考えの中にそれがあったと言うのである。そこで、バッシンが注目したのはフロイトが1895年に書いた「心理学草案」である。フロイトの「心理学草案」は脳生理学や神経科学の問題を心理現象、あるいは深層心理学と結びつけていこうとするアイデアを書いたもので、この論文の冒頭でフロイトは研究の目的を端的に次のように述べている。「（この草稿の）狙いは，自然科学的心理学を提供すること、言い換えると心的諸過程を、呈示可能な物質的諸部分の量的に規定された状態として表し、こうして（心的諸過程を）具象的で矛盾のないものにしようとするのである」（邦訳p.5）。フロイトが神経学者として臨床的な精神病理学の基礎理論を作り出そうとしたのがこの「草案」で展開していたことであった。フロイトはこの論文で、心的過程について一つの全体的なニューロン間の活動の反復によって形成される安定したニューロンのシステムがあることを述べ、そしてこのうえに知覚、記憶、意識等といった心的諸現象を位置づけていく一種の説明モデルを作ろうとした。フロイト自身がここで目指したのは後で彼が言う「メタサイコロジー」と称するものであった。彼はその後も「メタサイコロジー」という言葉で自己の考えの理論化を試みているが、「心理学草案」の段階では、心理的過程を神経系の生理学で説明しようとしていた。だが、フロイトは5年後の1900年に出した『夢解釈』とそれ以降のものでは、無意識における心的機制を説明するものという意味で「メタサイコロジー」を使っており、生理学あるいは生物学的なもので説明することを放棄してしまった[2]。

　そこで、バッシンは先にみた1958年に開催されたシンポジウムの発言では、

補　章　ソビエト・ロシアのフロイト精神分析研究のその後

弁証法的唯物論の立場からするならばフロイト理論を科学的に検証していくということではフロイトが初期に出した「心理学草案」の中の生理学的研究を再評価すべきと位置づけている。

　バッシンはさらに「心理学草案」以降のフロイトの研究に注目して、フロイトを乗り越えていくためには無意識を行動レベル、そして意識へとつなげていくべきだとも考えた。つまり、フロイトが取り組むことがなかった無意識と意識、あるいは実際の行動として起きていることの間にある連関やその連続的な過程こそがフロイトの無意識研究を新しい展開へと導いていくことになるというのがバッシンの主張である。ここにはバッシンがフロイトの理論を観念論的でもまた形而上学のレベルでもないものとして論じていこうという意図がある。そして、このバッシンの主張こそが最も重要である。バッシンは無意識的な情動としてあるものは行動のレベルとなって表れ、具体的な心理学的・生理学的・臨床的過程で示されるのであって、心理学的な内容とも関連づけていくことが出来るとした。

　そこでバッシンは、フロイトのように無意識的なものが心的な規制をしていくといった説明ではなく、行動レベルで説明することが出来るとし、その一つの例として彼があげているのが、「ツアイガルニク効果」として知られているものである。これは半ば無意識の中で起きている情動が行動として表れていることを明らかにしたゼイガルニク（Zeigarnik, B.）の研究で、彼女がドイツのレヴィンの下で行ったものである。人間は作業を途中で中断したりすると、完了しない状態になっていることから心的な緊張や作業を続ける情動が継続していくというものである。われわれも日常の中でやり残したままになっていると記憶や意欲が持続することがあるが、それらは必ずしも言語化されることなく、半ば無意識な状態で起きていることを実感する。そして、この無意識な形としてあるものが実際の行動を起こしている（レヴィン『パーソナリティの力学説』の第8章「実験的研究の概観」の「緊張体系」の項、邦訳p.255）。

　あるいはバッシンがもう一つ注目するのは、前の節でみたウズナーゼの一連の「構え」の心理学的研究である。ウズナーゼの主張のポイントになっている

のは、彼が言う「構え」という意識的行動の前にある半ば無意識的な心理体制が実際の意識や行動を方向づけていくということであるが、そこでは無意識だけが孤立した状態としてある訳ではない。またフロイトが考えるような無意識が意識的な反応を一方的に決めていくものでもなかった。バッシンもウズナーゼが無意識と意識とは相互に連関し合っていると考えたのと同様にここからフロイトを超える新しい研究へと進んでいけるとした。

（3）無意識についての客観的分析、その可能性を探る

バッシンの問題意識の基本にあるのは、無意識は高次神経活動の表現の一つであり、そこから無意識を客観的な科学的研究として捉え直すことが出来るということである。その考えの元にあったのは、バッシンがフロイトを神経科学者として見直し、再評価しようとすることであった。

バッシンが1962年に行われた「高次神経活動の生理学と心理学についての哲学的問題に関する全ソ連の会議」で意識と無意識についての発表内容をまとめたものがある。これが後になって論文になった「意識と無意識（Consciousness and the unconscious)」である。この論文は英訳されてコールとマルツマンの編集になる『現代ソビエト心理学ハンドブック（*A handbook of contemporary Soviet psychology*)』(1969) に収められている。彼はここで、フロイトの考えを単に批判するだけでなく、それをどう克服しながら無意識と意識についての心理学研究を進めていくかという提案をしている。バッシンは無意識を生理学的、神経学的な現象として客観的な方法を用いて研究することの必要性を言う。彼は意識の直接的な発現である心的経験や心的活動はパブロフが言うような高次神経活動として捉えることが可能になってくると考えた[3]。あるいは、無意識の過程で抑圧が弱まっているような場合には意識化され、行動として外に表れてくるので、客観的な分析が可能になってくる。無意識で起きていることも客観的な研究が可能になっているという主張である。

バッシンが取り上げているもう一つの先行研究が19世紀ドイツの心理学者

のカール・カルス（Carus, C.G.）の無意識の研究である。フロイトの著作よりもはるかに前のものだが、カルスは1846年の『精神、精神の発達史について』では、意識の心理学の「鍵」になっているのが無意識であることを指摘していた[4]。つまり、カルスは無意識から意識が発現し、意識を形成してくると考えたが、ここでもバッシンは無意識が意識と連続的な関係になっていることから、逆に行動として外に表れた意識を通して無意識についての客観的研究も可能になると考えた。

　バッシンが無意識の過程を客観的に分析していく可能性として注目したものがベルネーム（Bernheim, H.）の「陰性幻覚」と、ジャネ（Janet, P.）の「系統性感覚麻痺」の研究で、彼らは無意識を実験的な手法を使って研究していた。以下、ベルネームの研究についてはジャネの『心理学的自動症』（1889）からのものである。

　ベルネームは催眠で一人の婦人Gを一時的な夢遊病状態にして「あなたが眼を覚ました時に、私が見えないし、声も聞こえない。私はそこにいないのだから」という暗示をかける。そして、ベルネームが言うように、この婦人が目を覚まして彼を探し出そうとした時、ベルネームが「ここにいるよ」と囁いても見つけることが出来ない。彼が婦人の手を抓ると手を引っ込めるが、その感覚がどうして起きたのか分からないということが起きていた。覚醒して感覚が戻っているのに無意識のレベルで暗示されたものが持続して、ベルネームがそこにいることが意識からしばらく消えたままになっていたのである。このような実験的に起こされた「陰性幻覚」は20分以上続いた。特定の内容が無意識レベルで抑圧されて意識に上らないことを示した例である。

　ジャネは同じようなことが別の状況でも起きることを実験で示している。リュシーという名前の患者を催眠で夢遊病状態にしてから、「あなたは目が覚めたら複数のカードの中で十字の印をつけたものは見ないでしょう」と暗示をかける。5枚のカードの中2枚に十字の印が入っている。しっかりと目が覚めた後、彼女に「カードを戻してほしい」と言い、実際、3枚の十字の印がないものは戻している。そこで他のカードも戻すように求めたが、他にカードは

ないと言い、あるのは3枚のカードだけだと答えている。この結果から分かることは、十字のカードは見ないという反応が無意識の中で作られ、それが実際にカードを見て探すという意識行動を支配していた。ジャネは無意識が意識的統制に影響を与えていること、そして意識と無意識の両者は力動的関係としてつながっていることを強調している（ジャネ, 1889,『心理学的自動症』邦訳p.266）。ここで彼の言う自己の意識的統制が無意識によって離れてしまう「解離（dissociation）」で、それは正常な場合でも起きることがあるし、精神的な異常のレベルである「解離性障害」が考えられる。この「解離」が無意識の問題を考えていく一つのポイントになっている。

バッシンがジャネの研究に注目したのは、無意識の領域とその機能について実験的に明らかにしようとした点で、彼らはフロイトとは違った形で無意識の研究を模索していた。あるいはジャネは意識と無意識とを画然と区切ってしまうのではなく、二つは境界の間で相互乗り入れをしていると考えた。

（4）意識と無意識の間の連続についての心理学的研究

バッシンは人間の心的過程に無意識がどのように作用しているかを心理学の研究から探っている。彼が取り上げているのは、心理学者のルビンシュテイン（Rubinshtein, S.L.）の意識論で、もう一つはヴィゴツキーの無意識研究である。バッシンの無意識研究はヴィゴツキーの議論と連続する形で行われており、無意識の問題を意識との連続的な過程として人間の心的世界の中に位置づけようとしている。

1）心的過程における無意識の働き

バッシンは無意識というものが意識化することなく心的過程に直接作用する可能性があるではないかという議論をしている。彼が無意識の中にあるものが意識化されることなく心的過程に働いていることを示唆するものとしてあげているのがルビンシュテインの『存在と意識』（1957）である。

194

補　章　ソビエト・ロシアのフロイト精神分析研究のその後

　ルビンシュテインはこの著書では、外からの刺激や信号に対して認識過程で意識化可能なものと意識化しないものがあって、全ての外的な信号を意識過程の中で認識している訳ではないとする。例えば、ルビンシュテインが出している例では、音を聴いている時に音としての信号を聴いている場合と、自分が聴いているものを理解している場合の二つがあって、これらは区別して考えるべきだと言う。少し分かりにくいが、前者はその内容を理解しないでただ外的刺激として受け止めているだけであるが、後者は意識として信号の内容を表象している場合である。前者のようなものは、意識化が認識内容そのものまで向かっていないものである。ルビンシュテインは意識にまで至らないが信号として人間を直接調整するものがあると言う。例えば注意を喚起はするものの、それだけでは意識にはならないものということである（邦訳・下 p.378）。

　人間は対象から得られる経験や対象に向けた活動と意識体験とを一体化している。だが、時には意識化という主体的な反省と選別によって統制するだけでなく、それらを自ら統制しきれないものがある。例えば、どうしても自分の行動を思い出せないようなことがあったりする。あるいは、意識化しないで行動を起こしてしまう場合もある。ルビンシュテインが指摘するように、幼児も、大人も同様に楽しかったことや感動したことをその時はうまく言語化して表現出来なくても、翌日になってその内容が意識に浮かんでくるといったこともあるという訳である（邦訳・下 p.382）。ルビンシュテインの言葉を借りるならば、人間には意識化しているものと、意識からいわば逃げ去っても、再び呼び戻ってくるものがあって、意識と無意識との間の境界は流動的、可変的、力動的だということである（邦訳・下 p.380）。

　ルビンシュテインが意識論として強調していることは、意識を何か出来上がった形成としてだけみるのではなく、それらを過程としてみるということである。心的活動と意識化、そして無意識との間の力動的関係として捉えていこうとした。バッシンがルビンシュテインの研究に注目するのもこの点である。ルビンシュテインは『存在と意識』では、次のように述べている。「人間の人格の心理学的内容は、意識的活動の動機によって汲みつくされるものではな

195

い。それは、多様な無意識的傾向——その不随意的活動の鼓舞——をも自己の
うちに含んでいる。主観としての『わたし』は、全体として人格の心理的風格
を構成している諸傾向の多面的な総体から切りはなされることのできない、上
層の形成物である」（邦訳・下p.428）。ということは、上層部の下部には意識化さ
れない無意識の世界があり、また多面的なものを構成しているものの間は連関し
合っており、さらにこれらは外部世界とつながり合ってもいるということである。

　バッシンが無意識を考えた時、もう一つルビンシュテインに注目したのは、
意識化の過程にある感情についてである。それは、認識作用による意識化の外
にある感情の存在である。われわれは自らの心理過程や心的現象を言語で意識
化しているが、実はこの意識化の過程では外部にある対象をただ認識の対象と
してだけみないで、そこに感情としての反応を持つということである。そうな
ると、意識化されない感情があるし、そうした存在を前提にして人間の心的世
界、ないしは無意識の世界を考えることが重要になってくる。ルビンシュテイ
ンの発言である。「感情は、それをよびおこす原因、またその感情が向けられ
ている客観、相手が意識化されていない場合には意識化されることはない。だ
から、人間によって体験されている感情は、意識化されていなくても、実在は
している」（邦訳・下p.379、一部訳文を変更）。そしてわれわれは、時々意識化さ
れていない感情の世界で行動していることも事実である。

　バッシンは「意識と無意識」（1969）の中でフロイトは意識と無意識の関係
や意識化の過程をきちんと論じてこなかったと言う。バッシンは意識と無意識
の間にある連続的な関係や、無意識と情動、意志、そして行動とのつながりを
明らかにしていくための新しい研究の課題を提示している。

2）無意識と意識についての弁証法的関係、ヴィゴツキーとの関わり

　バッシンの無意識論はヴィゴツキーの無意識論とつながっている。1930年
頃ヴィゴツキーとバッシンは一緒に仕事をしていたが、ヴィゴツキーが統合失
調症に関心を持っていた頃に論文「心理と意識と無意識」（1930）を書いてい
る。ヴィゴツキーは統合失調症の研究では無意識の問題についての踏み込んだ

議論はしていないが、「心理と意識と無意識」では無意識は心的過程や意識に影響を与えていることや、無意識を意識と関連づけながら心理学の問題として論じている。

　ヴィゴツキーは人間心理を明らかにしていくために心的なものを客観的な行動や生理学的過程で説明することは出来ないし、逆に自然科学的な心理学と対立させて記述心理学や了解心理学だけで説明は出来ないと言う。また心的なものを考えた時、無意識を無視することでは不十分な議論になってしまうとして、無意識を心理学の問題として位置づけている。彼はパブロフ流の反射学、記述心理学、フロイト学説は心理学についてそれぞれ異なる視点から述べたものであって、これらは単独では人間心理を説明することなど出来ず、心的な問題は情動や生理学的なものを含めたトータルな形で論じなければならないと言う。

　ヴィゴツキーはこの論文では、心理学研究は心理的過程と生理学的過程との統一を目指していくことを強調しているが、それを彼は「弁証法的心理学」と称している。彼が「弁証法的心理学」について述べている部分をもう少しみていこう。「弁証法的心理学は何よりも心理過程と生理学的過程との統一から生じてくるものである。弁証法的心理学にとっては、『エチカ』にあるスピノザの言葉を使えば、心理は自然の外側にあったり、あるいは国家の中の国家のようなものではない。それは私たちの頭脳の高度に組織化された物質の機能と直接結びついているような自然そのものの一部なのである。……私たちはこうして人間の高次な形態の行動を表す独特な心理生理学的統一の過程を認めることに辿り着くことになる」（英語版pp.112-113）。この引用文で「国家の中の国家のようなものではない」と言っているのは、心的過程を外部との関わりを持たないものとしてみるべきではないということである。

　そして、この論文の最後でヴィゴツキーは次のように言う。「人間精神は複合的な複雑な過程であるという考えに同意するが、この過程は意識的部分だけでは全くカバーすることは出来ない。したがって、心理学では心理学的意識と心理学的無意識とを語ることは正当なことであるだろう。つまり、無意識は潜在的な意識である」（英語版p.119）。

この発想は、これまでみてきたバッシンの主張と重なっており、むしろバッシンがヴィゴツキーの考えを継承していたということだろう。

注

〔1〕このことをライプニッツは『人間知性新論』の序文で具体的な例を使って次のように説明している。彼はここで波の轟やざわめきは全体として一つになって聞こえており、一つひとつの波の音を区別して聞くようなことはしていないし、そもそも出来ないのである。

〔2〕フロイトの「心理学草案」はこの原稿の所在を巡って紆余曲折がある。フロイト自身は「心理学草案」はまさに草案であって、検討の余地を残しているとして原稿が残されることを望まなかった。この草案の原稿はフロイトが友人のフリースに送ったノートに書かれたもので、それがフリースの死後、何人かの人の手を経由していくことになる。この原稿の存在を知ったフロイトはこれを破棄することを望んだが、最終的にはフロイトの死後、1950年に出版され、今日邦訳としても読むことが可能である。

〔3〕パブロフは『動物の高次神経活動（行動）を客観的に研究した20年の試み』（1923）の第9章「複雑精神現象の主観的理解と対比したこの現象の客観的分析の発展」では、人間の精神生活には意識と無意識が複雑に入り交じり合っており、それらを含めた心的活動は高次神経活動として議論していくべきだと指摘している。

〔4〕バッシンはカルスの研究内容を詳しく説明をしていないが、カルスの研究を知ることが出来るものがある。城戸幡太郎が『心理学問題史』（1968）の第3章「人間の理解」で、19世紀前半のドイツ心理学における意識そして無意識の問題を述べている中でカルスの研究を紹介している。カルスは、無意識は意識を喪失した状態ではなく、意識を発現させる形成力としての生命であり、それはいわば意識のない生命とも言えるものであると述べている（p.409）。今日、カルスを含めて19世紀のドイツ心理学について言及することは通常の心理学史の研究でもほとんどないが、カルスは広く知られていたドイツ心理学の研究者であった。実際、城戸がドイツ留学の時に蒐集してきたカルスの本には先のものの他に『人間的形態の象徴学』（1853）、『自然と精神の認識の機関』（1856）がある。これらは北海道大学教育学部内の「城戸幡太郎文庫」にあるが、城戸の研究については佐藤公治（2012）がまとめている。

おわりに

　本書の基本テーマは、人間心理を歴史的視点からみていくことである。つまり、人間心理とその発達は、個人を取り巻いている社会・文化の歴史の中で生成されている「文化的・歴史的」なものということである。このことを一貫して主張してきたのが、ヴィゴツキーの文化的・歴史的精神発達の理論である。そして、彼の思想を受け継ぎながら、独自のリハビリテーションの基礎理論として神経心理学を創り出したのがルリヤである。

　ヴィゴツキーとルリヤはロシア革命により社会が大きく変化していく中で、新しい心理学の創設に取り組み、それまでの観念論的、形而上学的に人間の心理を説明するようなヴントに代表される研究や、無意識の働きを前提にしたフロイト理論とは異なる考えを出した。

　これらのかつてあった心理学理論では、人間の中に新しい歴史を創り上げていくという発想が出てこないと批判した。

　ヴィゴツキーは「心理学の危機の歴史的意味」では、フロイトの精神分析を批判して、フロイトのエディプス・コンプレックスという人間の無意識の中にある「原父殺し」の原罪に支配されてしまっていると言い、これではまさに長い人間の歴史にあるものにがんじがらめになって支配されたままとしての人間になっていると強く批判している。ヴィゴツキーはフロイトが言うような人間を無意識の中にある歴史的なものに決定されてしまっているという発想を超えていくべきだとした。

　あるいは、パブロフのような外から半ば強制するような形で働きかけていく経験論だけでは人間の発達と学習を説明することは出来ないとした。そして、ヴィゴツキーが発達理論の基礎と位置づけたのは、人間の発達は社会・文化的

199

なものに支えられながらも、同時に発達を創り出していく発達主体の能動的な活動である。この考えはルリヤの実践的な研究にも表れている。

　ルリヤは不幸にも戦争や事故、あるいは脳卒中などの病気によって言葉を失ってしまった人たちの回復の研究に取り組んだが、ここでもルリヤが重視したのは新しく言語機能を回復していくための訓練とそれを支えていくための治療方法であった。彼の失語症研究の出発にあったのは、第二次世界大戦でドイツとの戦いで頭に銃弾を受けて失語症になってしまったザシェツキーという一人のロシア兵の失った言葉の機能が自らの努力と治療によって回復する過程で起きていることを明らかにすることであった。そこでは歴史の犠牲者となったザシェツキーは自らの身に降りかかった失語症の病を克服し、いわば自らの新しい歴史を生み出していくことの可能性を人間の中に求めた。ここにルリヤが患者と接しながらどのような心理学研究を目指していくべきなのかを模索していった研究者としての真摯な姿があった。

　それはザシェツキーに限らずどの患者にもその容態に寄り添いながら、患者が新しく言葉を回復して、もう一度自分の歴史を創り上げていく主体の活動を大切にするということであった。

　もう一つ、本書で取り上げたのは、ヴィゴツキーのピアジェ批判である。ピアジェの発達理論は重要なものとして位置づけられてきたが、ヴィゴツキーはピアジェの理論には本当の意味で主体が発達を自らの力で創り上げていくという視点がないと批判している。

　ピアジェはたしかに幼児期、あるいは学童期の子どもは自らの経験を通して自らの知識を創り出していくことを重視する考えを出してはいる。だが、学童期以降の認識形成では、社会と文化に優勢な認識枠組みになっている論理的思考をそのまま受容し、自己の中へと移入していくことを重視する考えになっている。それはいわば社会・文化の中で科学的知識として歴史的に形成してきたものに枠づけされたものとして発達をみているということである。ここでは社

おわりに

会・文化の中にある歴史的なものに一方的に方向づけられ、主体はそれに従ってしまっているという主体の歴史性を見出すことが出来なくなっている。

このように、ヴィゴツキー、そしてルリヤの研究に一貫して流れているのは、一人ひとりの人間の活動、そしてそのことを通して歴史的存在としての人間を自らが創り上げていくということであった。このことを本書では、「人間心理の歴史性」という言葉で表現した。

本書ではヴィゴツキーとルリヤの共同研究も取り上げた。彼らが共同で行った研究で、ルリヤが最終的に研究のまとめを行った中央アジア・ウズベキスタンのフィールド研究では、そこ生きる人たちの活動がその地域の歴史性を背景に展開していることを描き出した。そして、ルリヤのもとに留学していたコールが、ウズベキスタンの研究を教訓にしながら、西アフリカ・セネガルで行った地域住民の認識活動についての文化研究は、まさにヴィゴツキーとルリヤが強調する人間精神を文化的・歴史的視点から論じていく考えを継承し、発展させていくものであった。それはコールの「文化心理学」という独自の研究として結実していった。

これまで述べてきたことと関連することとして、本書でも取り上げた現象学者のメルロ＝ポンティにもう一度注目してみよう。彼は『知覚の現象学』の最後は次の言葉で結んでいる。「人間とは諸関係の結び目にすぎない。諸関係のみが人間にとって重要なのだ」（中島盛夫訳、法政大学出版局）。これはサン＝テグジュベリの『戦う操縦士』（堀口大學訳、新潮文庫）の中にある一節（p.138）である。そして、これと同じことを『知覚の現象学』の序文でも、われわれ人間は様々な経験の連結という奇跡にいつも立ち会っているし、われわれこそが諸関係の結び目なのだと述べている。メルロ＝ポンティがこのサン＝テグジュベリの発言をあえて使っている意図はどこにあるのだろうか。人は様々な苦難を経験した後ではじめて、世界が持っている意味、そしてわれわれ自身は何者な

201

のかというその意味も他者との直接的な関わりを通して明らかになってくるということであり、日常の実践の中からこそ世界と自己とは何なのかが具体的な形になっていくということだろう。

　メルロ゠ポンティが強調しているように、われわれは神の目で上空飛翔するような理性でもって世界を把握し、理解していくのではない。自分たちの現実の生、それは歴史的なものを背景にした歴史的存在ではあるものの、その歴史を作っていくのはまさにこの現実の中で生き、存在しているものから出発していこうということである。だから「自分たちの在り様からしか世界そして自己を知ることは出来ない」ということである。

　生きているものについての認識論とでも言うべき思想を展開したユクスキュルが『生命の劇場』（入江重吉・寺井俊正訳、博品社）の中で次のように述べている。どの動物も自分の諸器官を用いて周囲の自然から自分の環世界を切り取っていく。この環世界はその動物にとっては意味を持つ事物であり、その動物の意味の担い手だけによって満たされている世界である。動物だけでなく、植物もその環境から特有の居住世界を切り取っている。そして、私たち人間もまた生きた自然そのものに直接に向かい合っているのではなく、個人的な環世界の中に生きている。このユクスキュルが言う個人的というのは生物固有の種のことであり、人間という固有の生物種のことである。動物、植物と同じようにわれわれ人間は自然を加工し、独自の環世界を作り上げ、そこで生きている。ヴィゴツキーが人間は自然的発達から文化的発達を実現してきたと述べてきたことが、ユクスキュルが言う環世界を創造し、生きている人間の姿にあたる。あらゆる生命を持っているものは、環世界の中で生命の種をまいているというユクスキュルの言葉の重みを感じていきたい。

　2024年はヴィゴツキー没後90年の年である。彼が37歳の若さでこの世を去った後、彼が遺した思想を継承していくことは依然として必要とされている。人間精神とその成長を支えていくためには何が必要なのか、そして人間をどのような視点でみていくべきなのかをぶれることなく考え続けていかなけ

おわりに

ればならない。そして、2年後の2026年は彼の生誕130年の年であるが、10年単位で「流行りすたり」が起きている心理学の世界では異例ともいえる長さでヴィゴツキーの心理学は語り継がれている。依然として語るべき大切さ、語っていくべきことが多く残されているということだろう。

　この本を世に出すにあたっては福村出版社長・宮下基幸さんに心より感謝申し上げます。出版事情が一向に回復にしない中で拙著の刊行を前向きに受け止めていただきました。宮下基幸さん、そして編集を担当していただきました小山光さんには原稿の不備などをご指摘いただきました。ありがとうございます。

文献

アルネス, K. 1994.『ザビーナ：ユングとフロイトの運命を変えた女』藤本優子（訳）1999. 日本放送出版協会.

アルセーニエフ, V.K. 1921.「ウスリー地方にそって」（邦題「シベリアの密林を行く」）長谷川四郎（訳）1966.『現代世界ノンフィクション全集1』所収, 筑摩書房, pp.283-528.

アルセーニエフ, V.K. 1930.「デルスウ・ウザーラ」長谷川四郎（訳）1953.『ウスリー紀行』（世界探検紀行全集10）河出書房. ／長谷川四郎（訳）1965.『デルスウ・ウザーラ：沿海州探検行』（東洋文庫55）平凡社. ／安岡治子（訳）2001.『デルス・ウザラ』小学館. ／『デルス・ウザーラ』（映画作品）黒澤 明（監督・脚本）1975. 日本ヘラルド映画.

ベーコン, F. 1620.『ノヴム・オルガヌム（新機関）』桂 寿一（訳）1978. 岩波書店（岩波文庫）.

Bassin, F.V. 1960. A critical analysis of Freudianism. *The Soviet review*, 1-5, pp.3-14.

Bassin, F.V. 1969. Consciousness and the unconscious. In Cole, M. & Maltzman, I. (eds.) *A handbook of contemporary Soviet psychology*. New York: Basic Books. pp.399-420.

ベイトソン, G. 1972.『精神の生態学（下）』佐藤良明・高橋和久（訳）1987. 思索社.

ベッテルハイム, B. 1956-1989.『フロイトのウィーン』森泉弘次（訳）1999. みすず書房.

Binswanger, L. 1922. *Einführung in die probleme der allgemeinen psychologie*. Berlin: Verlog von Julius Springer.

ビンスワンガー, L. 1947.「人間学の光に照らして見たフロイトの人間理解」萩野恒一（訳）1967. 萩野恒一・宮本忠雄・木村 敏（訳）『現象学的人間学　講演と論文1』所収, みすず書房. pp.216-257.

ブランキエ, J-C. 1985.『ピアジェ晩年に語る』大浜幾久子（訳）1985. 国土社.

カロテヌート, A. 1980.『秘密のシンメトリー：ユング／シュピールライン／フロイト』入江良平・村本詔司・小川捷之（訳）1991. みすず書房.

Cole, M. 1990. Cultural psychology: A once and future discipline? In Berman, J.J. (ed.) *Cross-cultural perspectives: Nebraska symposium on motivation*, vol.37. Lincoln: University of Nebraska Press, pp.279-335.

コール, M. 1996.『文化心理学：発達・認知・活動への文化・歴史的アプローチ』天野 清

（訳）2002. 新曜社.

Cole, M., Gay, J., Glick, J.A. & Sharp, D.W. 1971. *The cultural context of learning and thinking: an exploration in experimental anthropology*. New York: Basic Books.

コール, M. & スクリブナー, S. 1974.『文化と思考：認知心理学考察』若井邦夫（訳）1982. サイエンス社.

ドイッチャー, I. 1959.『武力なき予言者・トロツキー 1921-1929』田中西二郎・橋本福夫・山西英一（訳）1964. 新潮社. ／『武力なき予言者トロツキー：1921-1929』（トロツキー日本語文献目録追加版）田中西二郎・橋本福夫・山西英一（訳）1992. 新評論.

土井捷三 2016.『ヴィゴツキー［思考と言語］入門：ヴィゴツキーとの出会いの道案内』三学出版.

エンゲルス, F. 1873-86.『自然の弁証法』大内兵衛・細川嘉六（監訳）1968.『マルクス＝エンゲルス全集・第20巻』所収, 大月書店. pp.337-614.

エイラム, G. 2003.「Aleksandr R. Luriaの神経心理学の哲学的基礎」前川久男（訳）2007. 筑波大学特別支援教育研究, 2, pp.82-96.

エトキント, A. 1995.「文芸学者ヴィゴツキイ：忘れられたテクストと知られざるコンテクスト」武田昭文（訳）1997.『現代思想』第25巻第4号, 青土社, pp.214-241.

フランクル, V.E. 1947.『夜と霧』（フランクル著作集1）霜山徳爾（訳）1961. みすず書房.

フランクル, V.E. 1952.『死と愛』（フランクル著作集2）霜山徳爾（訳）1957. みすず書房.

フロイト, S. 1891.「失語症の理解にむけて：批判的研究」中村靖子（訳）2009.『フロイト全集・第1巻』所収, 岩波書店, pp.1-127.

フロイト, S. 1895.「心理学草案」総田純次（訳）2010.『フロイト全集・第3巻』所収, 岩波書店, pp.1-108.

フロイト, S. 1910.「レオナルド・ダ・ヴィンチの幼年期の想い出」甲田純生・高田珠樹（訳）2009.『フロイト全集・第11巻』所収, 岩波書店, pp.5-97.

フロイト, S. 1913.「トーテムとタブー」門脇 健（訳）2009.『フロイト全集・第12巻』所収, 岩波書店, pp.1-206.

フロイト, S. 1914.「精神分析運動の歴史のために」福田 覚（訳）2010.『フロイト全集・第13巻』所収, 岩波書店, pp.43-114.

フロイト, S. 1915.「無意識」新宮一成（訳）2012.『フロイト全集・第14巻』所収, 岩波書店, pp.211-254.

フロイト, S. 1920.「快原理の彼岸」須藤訓任（訳）2006.『フロイト全集・第17巻』所収, 岩波書店, pp.53-125. ／「快感原則の彼岸」竹田青嗣・中山 元（訳）1999.『S.フロイト自我

論集』所収, 筑摩書房（ちくま学芸文庫）, pp.113-200.

フロイト, S. 1923.「自我とエス」道籏泰三（訳）2007.『フロイト全集・第18巻』所収, 岩波
書店, pp.3-62. ／「自我とエス」竹田青嗣・中山 元（訳）1999.『S.フロイト自我論集』所
収, 筑摩書房（ちくま学芸文庫）, pp.203-272.

フロイト, S. 1928.「ドストエフスキーと父親殺し」石田雄一（訳）2010.『フロイト全集・第
19巻』所収, 岩波書店, pp.289-311.

フロイト, S. 1992.「フロイト最後の日記：1929-1939」ロンドン・フロイト記念館（編）, マ
イケル・モルナー（解説・注）, 小林 司（訳）2004. 日本教文社.

ギーディオン, S. 1948.『機械化の文化史：ものいわぬものの歴史』GK研究所−栄久庵翔二
（訳）1976. 鹿島出版会.

稲川 良 2022.「言語機能系の神経科学の基礎」稲川 良・安田真章（編）『言語機能系の再学
習プロセスに向かって：失語症のリハビリテーションのために』所収, 協同医書出版社,
pp.55-106.

Iurinets, V. 1924. Psychoanalyse und Marxismus. *Unter demm Banner des Marxism*, 1, pp.90-133.
(Miller, 1998. *Freud and the Bolsheviks*による) ／ユリネッツ, V. 1925.『精神分析とマルク
ス主義：マルクス主義の旗のもとに』第1巻, 安田一郎（訳）1971.『フロイトとマルクス』
所収, 誠信書房, pp.1-105.

岩本和久 2004.「アロン・ザルキントと精神分析」『稚内北星大学紀要』第4号, pp.27-32.

岩本和久 2010.『フロイトとドストエフスキイ：精神分析とロシア文化』東洋書店.

ジャネ, P. 1889.『心理学的自動症：人間行動の低次の諸形式に関する実験心理学試論』松本
雅彦（訳）2013. みすず書房.

鹿島晴雄・加藤元一郎・本田哲三 1999.『認知リハビリテーション』医学書院.

柏木 博 1998.『20世紀をつくった日用品：ゼムクリップからプレハブまで』晶文社.

柏木 博 1999.『日用品の文化誌』岩波書店（岩波新書）.

川口 勇 1969.「動機心理学からみた構え」前田嘉明（編）『動機と情緒（講座心理学5）』所
収, 東京大学出版会, pp.139-170.

川口 勇 1983.「構え理論の基本構想：人間科学としての心理学の形成」『大阪大学人間科学
部・創立十周年記念論集』所収, 大阪大学, pp.73-103.

城戸幡太郎 1968.『心理学問題史』岩波書店.

ケーラー, W. 1917.『類人猿の知恵試験』（第二版：1924）宮 孝一（訳）1962. 岩波書店. ／
塚本明子（訳）2020. 岩波書店（岩波文庫）.

国分 充 2005.「20世紀初めのロシアにおける精神分析の理論：覚え書き」『東京学芸大学紀

要』第1部門 第56号, pp.309-320.

国分 充・牛山道雄 2006.「ロシア精神分析運動とヴィゴツキー学派：ルリヤのZeitschrift誌の活動報告」『東京学芸大学紀要』総合教育科学系 第57号, pp.199-215.

国分 充・牛山道雄 2007.「初期ソビエト精神分析運動史：Intenationale Zeitschrift für Psychoanalyse誌の記事から」『東京学芸大学紀要』総合教育科学系 第58号, pp.271-288.

Kozlin, A. 1984. *Psychology in Utopia: toward a social history of Soviet psychology*. Cambridge, MA: MIT Press.

ランガー, S.K. 1957.『シンボルの哲学』矢野萬里・池上保太・貴志謙二・近藤洋逸（訳）1960. 岩波書店.

ライプニッツ, G.W. 1704.『人間知性新論（上)』（ライプニッツ著作集4）谷川多佳子・福島清紀・岡部秀男（訳）1993. 工作舎. ／『人間知性新論』米山 優（訳）1987. みすず書房.

ライプニッツ, G.W. 1714.『モナドロジー（単子論)』谷川多佳子・岡部英男（訳）2019. 岩波書店（岩波文庫).

レーニン, V.I. 1929.『哲学ノート（上・下)』松村一人（訳）1975. 岩波書店（岩波文庫).

レオンチェフ, A.N. 1959.『子どもの精神発達』松野 豊・西牟田久雄（訳）1967. 明治図書出版.

Leont'ev, A.N. & Zaporozhets, A.V. 1960. *Rehabilitation of hand function*. Translated by Haigh, B., Edited by Russell, W.R. Oxford: Pergamon Press.

レヴィン, K. 1935.『パーソナリティの力学説』相良守次・小川 隆（訳）1957. 岩波書店.

Luria, A.R. 1925. Psychoanalysis as a system of monistic psychology. In Cole, M. (ed.) 1978. *The selected writings of A.R. Luria*. White Plains, NY: M.E. Sharpe, pp.3-41.

Luria, A.R. 1932. *The nature of human conflicts or emotion, conflict and will: an objective study of disorganisation and control of human behaviour*. Translated from the Russian and edited by W. Horsley Gantt with a foreword by Adolf Meyer. New York: Liveright.

Luria, A.R. 1947/1970. *Traumatic aphasia: its syndromes, psychology and treatment*. Translated from the Russian, with a foreword by Macdonald Critchley. The Hague: Mouton.

ルリヤ, A.R. 1963.「前頭葉損傷時の行為の調節の傷害」松野 豊（訳）1976.『人間の脳と心理過程』所収, 金子書房, pp.165-193.

ルリヤ, A.R. 1963-70.『人間の脳と心理過程』松野 豊（訳）1976. 金子書房.

ルリヤ, A.R. 1968.『偉大な記憶力の物語：ある記憶術者の精神生活』天野 清（訳）2010. 岩波書店（岩波現代文庫).

ルリヤ, A.R. 1971.『失われた世界：脳損傷者の手記』（原題『失った世界と取り戻した世界：

一人の戦傷者の歴史』）杉下守弘・堀口健治（訳）1980. 海鳴社.

Luria, A.R. 1973. *The Working brain: an introduction to neuropsychology*. Translated by Haigh, B. New York: Basic Books. ／『神経心理学の基礎：脳のはたらき』鹿島晴雄（訳）1978. 医学書院. ／ 第2版　1999. 創造出版.

Luria, A.R. 1973. The frontal lobes and the regulation of behavior. In Pribram, K.H. & Luria, A.R. (eds.) *Psychophysiology of the frontal lobes*. New York: Academic Press, pp.3-26.

ルリヤ，A.R. 1974.『認識の史的発達』森岡修一（訳）1976. 明治図書出版. ／ *Cognitive development: its cultural and social foundations*. Translated by Lopez-Morillas, M. & Solotaroff, L., Edited by Cole, M. 1976. Cambridge, MA: Harvard University Press.

Luria, A.R. 1976. *Basic problems of neurolinguistics*. Translated from Russian by Haigh, B. The Hague: Mouton.

Luria, A.R. 1979. *The making of mind: a personal account of Soviet psychology*. Cambridge, MA: Harvard University Press.

Luria, A.R. & Tsvetkova, L.S. 1968. The reeducation of brain-damaged patients and its psychopedagogical application. In *Learning disorders* (Special Child Publications, Seattle, Washington), vol.3, pp.137-154.

Luria, A.R. & Majovski, L.V. 1977. Basic approached used in American and Soviet clinical neuropsychology. *American Psychologist*, November, pp.959-973.

マルクス，K. 1859.『経済学批判への序説』（マルクス・エンゲルス全集・第13巻）大内兵衞・細川嘉六（訳）1964. 大月書店. ／『経済学批判要綱序説』（マルクス・コレクションⅢ）横張 誠・木前利秋・今村仁司（訳）2005. 筑摩書房.

メルロ゠ポンティ，M. 1960.「シーニュ・序」海老坂 武（訳）1969. 竹内芳郎（監訳）『シーニュⅠ』所収，みすず書房，pp.1-55. ／ 廣瀬浩司（編訳）2020.『精選　シーニュ』所収，筑摩書房（ちくま学芸文庫），pp.7-97.

メルロ゠ポンティ，M. 1960-61.「クロード・シモンに関するノート」本郷 均（訳）2008.『現代思想』2008年12月臨時増刊号 所収，青土社，pp.26-33.

メルロ゠ポンティ，M. 1964.「『垂直的なもの』と実存」滝浦静雄・木田 元（訳）1989.『研究ノート（見えるものと見えないもの・付録）』所収，みすず書房，pp.402-404.

メルロ゠ポンティ，M. 1968.「個人の歴史および公共の歴史における『制度化』（コレージュ・ドゥ・フランス講義要録1954-1955年度）」滝浦静雄・木田 元（訳）1979.『言語と自然』所収，みすず書房，pp.43-47.

Miller, M.A. 1998. *Freud and the Bolsheviks: psychoanalysis in imperial Russia and the Soviet*

Union. New Haven, CT: Yale University Press.

パブロフ, I.P. 1923. 『動物の高次神経活動（行動）を客観的に研究した20年の試み』（邦題『高次神経活動の客観的研究』）岡田靖雄・横山恒子（訳）1979. 岩崎学術出版社.

NHK BS1 2023. 「女性兵士たちのアフガン：米帰還兵と特殊部隊FTP」（7月2日放送）日本放送協会.

ノーマン, D.A. 1988. 『誰のためのデザイン？』野島久雄（訳）1990. 新曜社.

パナティ, C. 1987. 『物事のはじまりハ？』バベル（訳）1998. フォー・ユー.

ペトロスキー, H. 1992. 『フォークの歯はなぜ四本になったか：実用品の進化論』忠平美幸（訳）2010. 平凡社（平凡社ライブラリー）.

ペトロスキー, H. 1996. 『ゼムクリップから技術の世界が見える：アイデアが形になるまで』忠平美幸（訳）2010. 平凡社（平凡社ライブラリー）.

ピアジェ, J. 1923. 『児童の言語と思考』（邦題『児童の自己中心性』）大伴 茂（訳）1954. 同文書院.

ピアジェ, J. 1924. 『児童における判断と推理』（邦題『判断と推理の発達心理学』）滝沢武久・岸田 秀（訳）1969. 国土社.

ピアジェ, J. 1926. 『児童における世界像』（邦題『児童の世界観』）大伴 茂（訳）1955. 同文書院.

ピアジェ, J. 1927. 『児童における物理的因果』（邦題『子どもの因果関係の認識』）岸田 秀（訳）1971. 明治図書出版.

ライヒ, W. 1929. 『弁証法的唯物論と精神分析』片岡圭治（訳）1972. 太平出版社. ／ 安田一郎（訳）1971. 「弁証法的唯物論と精神分析」（ドイツ語版：マルクス主義の旗のもとに第3巻・第5号）『フロイトとマルクス』所収, 誠信書房, pp.107-183.

リッヒェベッヒャー, S. 2005. 『ザビーナ・シュピールラインの悲劇：フロイトとユング, スターリンとヒトラーのはざまで』田中ひかる（訳）2009. 岩波書店.

リプチンスキ, W. 2000. 『ねじとねじ回し：この千年で最高の発明をめぐる物語』春日井晶子（訳）2010. 早川書房（ハヤカワ文庫NF）.

ルビンシュテイン, S.L. 1957. 『存在と意識（上・下）』寺沢恒信（訳）1961. 青木書店.

サックス, O. 1984. 『左足をとりもどすまで』金沢泰子（訳）1994. 晶文社.

サックス, O. 1985. 『妻を帽子とまちがえた男』高見幸郎・金沢泰子（訳）2009. 早川書房（ハヤカワ文庫NF）.

Sacks, O. 1990. Luria and "romantic science". In Goldberg, E. (ed.) 1990. *Contemporary of neuropsychology and the legacy of Luria*. Hillsdale, NJ: LEA, pp.181-194. ／ Yasnitsky, A. et al. (eds.) 2014. *The Cambridge handbook of cultural-historical psychology*. Cambridge, UK: Cambridge University Press, pp.517-528.

サックス, O. 2007. 『音楽嗜好症（ミュージコフィリア）：脳神経科医と音楽に憑かれた人々』太田直子（訳）2014. 早川書房（ハヤカワ文庫 NF）.

サピア, I.D. 1929. 「フロイト主義，社会学，心理学」安田一郎（訳）1971. 『フロイトとマルクス』所収，誠信書房, pp.185-264.

佐藤公治 2012. 「城戸幡太郎の心理学研究とその思想圏」『北海道大学大学院教育学研究院紀要』第117号, pp.171-203.

佐藤公治 2015. 『ヴィゴツキーの思想世界：その形成と研究の交流』新曜社.

佐藤公治 2022. 『ヴィゴツキー小事典：思想・理論・研究の構想』新曜社.

佐藤公治 2023. 『「日常言語」のリハビリテーションのために：失語症と人間の言語をめぐる基礎知識』協同医書出版社.

精神分析學研究所（編）, 大槻憲二（訳）1937. 『フロイト・快不快原則を超えて（改訂版）』春陽堂.

澤田哲生 2012. 『メルロ＝ポンティと病理の現象学』人文書院.

Scribner, S. & Cole, M. 1981. *The psychology of literacy*. Cambridge, MA: Harvard University Press.

篠 憲二 1996. 『現象学の系譜』世界書院.

ソームズ, M. & ソームズ, K.K. 2002. 『神経精神分析入門：深層神経心理学への招待』岸本寛史（訳）2022. 青土社.

トロツキー, L.D. 1923. 『文学と革命（第1版）』（社会思想全集・第19巻）茂森唯士（訳）1931. 平凡社.

トロツキー, L.D. 1923. 「科学と革命」和田あき子（訳）1970. 『文化革命論（第二期トロツキー選集16）』所収, 現代思潮社, pp.242-243.

トロツキー, L.D. 1924. 『文学と革命（第2版）・Ⅰ（トロツキー選集・第11巻−1）』内村剛介（訳）1965. 現代思潮社.

トロツキー, L.D. 1924. 『文学と革命（第2版）・Ⅱ（トロツキー選集・第11巻−2）』内村剛介（訳）1964. 現代思潮社.

トロツキー, L.D. 1924. 『文学と革命（第2版）（上・下）』桑野 隆（訳）1993. 岩波書店（岩波文庫）.

トロツキー, L.D. 1927. 「文化と社会主義」和田あき子（訳）1970. 『文化革命論（第二期トロツキー選集16）』所収, 現代思潮社, pp.351-381.

トロツキー, L.D. 1930. 『わが生涯（上）』森田成也（訳）2000. 岩波書店（岩波文庫）.

Uznadze, D.N. 1966. *The psychology of set*. Translated from the Russian by Haigh, B. New York: Consultants Bureau.

van der Veer, R. & Valsiner, J. 1991. *Understanding Vygotsky: a quest for synthesis*. Cambridge, MA: Blackwell.

ヴォス，T. 2019.『帰還兵の戦争が終わるとき』木村千里（訳）2021. 草思社.

ヴィゴツキー，L.S. 1925.「行動の心理学の問題としての意識」柴田義松・藤本 卓・森岡修一（訳）1987.『心理学の危機：歴史的意味と方法論の研究』所収，明治図書出版，pp.61-92. ／ Consciousness as a problem for the psychology of behavior. Translated and with an introduction by van der Veer, R. 1997. In Rieber, R.W. & Wollock, J. (eds.) *The collected works of L.S. Vygotsky vol.3: Problems of the theory and history of psychology*. New York: Plenum Press, pp.63-79.

ヴィゴツキー，L.S. 1926.『教育心理学講義』柴田義松・宮坂琇子（訳）2005. 新読書社.

ヴィゴツキー，L.S. 1927.「心理学の危機の歴史的意味」柴田義松・藤本 卓・森岡修一（訳）1987.『心理学の危機：歴史的意味と方法論の研究』所収，明治図書出版，pp.93-288. ／ Vygotsky, L.S. 1927. The historical meaning of the crisis in psychology: a methodological investigation. In Rieber, R.W. & Wollock, J. (eds.) *The collected works of L.S. Vygotsky vol.3: Problems of the theory and history of psychology*. New York: Plenum Press, pp. 233-343.

Vygotsky, L.S. 1928/2012. The science of psychology (Psikhologicheskaja nauka v USSR). In Volgin, V.P., Gordov, G.O., & Luppol, I.K. *Obshchwstvennye nauki v SSSR*, 1917-1927, Moscow: Rabotnik prosveschcheniia, pp.25-46. English translation in *Journal of Russian and East European Psychology*, 50, 4, pp.85-106.

ヴィゴツキー，L.S. 1929.「人間の具体的心理学」柴田義松・宮坂琇子（訳）2008.『ヴィゴツキー心理学論集』所収，学文社，pp.238-257. ／ 土井捷三他（訳）2012.「子どもの具体心理学」土井捷三・神谷栄司（監訳）『「人格発達」の理論：子どもの具体心理学』所収，三学出版，pp.262-284. 英語訳は A.A. Puzyrei (translated) 1989. Concrete human psychology in *Journal Soviet Psychology*, 27-2, pp.53-77.

ヴィゴツキー，L.S. 1930.「心理学における道具主義的方法」柴田義松（訳）1987.『心理学の危機：歴史的意味と方法論の研究』所収，明治図書出版，pp.51-59. ／ The instrumental method in psychology. In Rieber, R.W. & Wollock, J.W. (eds.) 1997. *The collected works of L.S. Vygotsky vol.3: Problems of the theory and history of psychology*. New York: Plenum Press. pp.85-89.

ヴィゴツキー，L.S. 1930.「子どもの発達における道具と記号」（邦題「子どもによる道具と記号（言語）操作の発達」）柴田義松（訳者代表），宮坂琇子・土井捷三・神谷栄司（訳）

2002. 『新児童心理学講義』所収，新読書社，pp.168-246. ／ Tool and sign in the development of the child. In Rieber, R.W. (ed.) 1999. *The collected works of L.S. Vygotsky vol.6: Scientific legacy*. New York: Plenum Press, pp.3-68. ／ Vygotsky, L.S. & Luria, A. 1930. Tool and sign in the development of the child. In van der Veer, R. & Valsiner, J. 1994. *The Vygotsky reader*. Oxford: Blackwell, pp.99-174.

ヴィゴツキー，L.S. 1930.「心理システムについて」柴田義松・宮坂琇子（訳）2008.『ヴィゴツキー心理学論集』所収，学文社，pp.9-37. ／ 伊藤美和子・神谷栄司他（訳）2008.『ヴィゴツキー学』第9巻，ヴィゴツキー学協会，pp.91-109. ／ On psychological systems. In Rieber, R.W. & Wollock, J. (eds.) 1997. *The collected works of L.S. Vygotsky vol.3: Problems of the theory and history of psychology*. New York: Plenum Press, pp.91-107.

ヴィゴツキー，L.S. 1930.「統合失調症の心理学」（第1章「心理システムについて」所収）柴田義松・宮坂琇子（訳）2008.『ヴィゴツキー心理学論集』所収，学文社，pp.27-32. ／ On psychological systems. In Rieber, R.W. & Wollock, J. (eds.) 1997. *The collected works of L.S. Vygotsky vol.3: Problems of the theory and history of psychology*. New York: Plenum Press. pp.91-107.

ヴィゴツキー，L.S. 1930.「心理と意識と無意識」柴田義松・宮坂琇子（訳）2008.『ヴィゴツキー心理学論集』所収，学文社，pp.55-76. ／ Mind, consciousness, the unconscious. Translated and with an introduction by van der Veer, R. 1997. In Rieber, R.W. & Wollock, J. (eds.) *The collected works of L.S. Vygotsky vol.3 : Problems of the theory and history of psychology*. New York: Plenum Press, pp. 109-121.

ヴィゴツキー，L.S. 1930-31.『文化的・歴史的精神発達の理論』柴田義松（監訳）2005. 学文社. ／ The history of the development of higher mental functions. In Rieber, R.W. (ed.) 1997. *The collected works of L.S. Vygotsky vol.4: The history of the development of higher mental functions*. New York: Plenum Press, pp.1-251.

ヴィゴツキー，L.S. 1930-31.『思春期の心理学』柴田義松・森岡修一・中村和夫（訳）2004. 新読書社. ／ Pedology of the adolescent, In Rieber, R.W. (ed.) 1998. *The collected works of L.S. Vygotsky vol.5: Child psychology*. New York: Plenum Press, pp.3-184. van der Veer, R. & Valsiner, J. 1994. *Vygotsky Reader*. Oxford: Blackwell.

ヴィゴツキー，L.S. 1930-31.「精神分裂病の研究」（第3章「思春期における高次精神機能の発達」所収）柴田義松・森岡修一・中村和夫（訳）2004.『思春期の心理学』所収，新読書社，pp.238-254. ／ Pedology of the adolescent, In Rieber, R.W. (ed.) 1998. *The collected works of L.S. Vygotsky vol.5: Child psychology*. New York: Plenum Press. pp.3-184.

ヴィゴツキー，L.S. 1931.「精神分裂症の研究と治療法」（第9章「困難を抱えた子どもの発達診断と児童学的臨床」所収）柴田義松・宮坂琇子（訳）2006.『ヴィゴツキー障害児発達・教育論集』所収，新読書社，pp.241-248. ／ The diagnostics of development and the pedological clinic for difficult children. In Rieber, R.W. & Carton, A.S. (eds.) 1993. *The collected works of L.S. Vygotsky vol.2: The fundamentals of defectology*. New York: Plenum Press, pp.241-291.

ヴィゴツキー，L.S. 1934.「ゲシュタルト心理学における発達の問題：批判的検討」柴田義松・宮坂琇子（訳）2008.『ヴィゴツキー心理学論集』所収，学文社，pp.77-142.

Vygotsky, L.S. 1934. Thought in schizophrenia. In van der Veer, R. & Valsiner, J. (eds.) 1994. *The Vygotsky Reader*. Oxford: Blackwell, pp.313-326.

ヴィゴツキー，L.S. 1934.『思考と言語（新訳版）』柴田義松（訳）2001. 新読書社. ／ Thinking and Speech. Minick, N. (translated) 1987. In Rieber, R.W. & Carton, A.S. (eds.) *The collected works of L.S. Vygotsky vol.1: Problems of General Psychology*. New York: Plenum Press, pp.43- 243.

Vygotsky, L.S. & Luria, A.R. 1925. Introduction to the Russian translation of Freud's Beyond the pleasure principle. In van der Veer, R. & Valsiner, J. (eds.) 1994. *The Vygotsky Reader*. Oxford: Blackwell, pp.10-18.

ヴィゴツキー，L.S. & ルリヤ，A. 1930.『人間行動の発達過程：猿・原始人・子ども』大井清吉・渡辺健治（監訳）1987. 明治図書出版. ／ 『猿・自然人・子ども：労働と言語の歴史主義心理学』神谷栄司・伊藤美和子（訳）2024. 三学出版.

ワーチ，J.V. 1998.『行為としての心』佐藤公治他（訳）2002. 北大路書房.

ホワイト，S.H. 1996.「コール『文化心理学』に寄せて」天野 清（訳）2002. コール，M.『文化心理学：発達・認知・活動への文化・歴史的アプローチ』所収，新曜社，pp.i-x.

矢部八重吉 1932.『精神分析の理論と応用』早稲田大学出版部.

Yasnitsky, A. & van der Veer, R. 2016. *Revisionist revolution in Vygotsky studies*. New York: Routledge.

安岡孝一・安岡素子 2008.『キーボード配列QWERTYの謎』NTT出版.

索引

【人名】

▶あ行

アルセーニエフ（Arseniev, V.K.） 79, 90-93, 95, 98

岩本和久 26, 33

ヴァルシナー（Valsiner, J.） 11, 103

ウズナーゼ（Uznadze, D.N.） 6, 180-186, 191, 192

エトキント（Etkind, A.） 19, 65

エンゲルス（Engels, F.） 54, 57

▶か行

柏木 博 115

川口 勇 184, 186

ギーディオン（Giedion, S.） 118

ケーラー（Köhler, W.） 81, 83, 84, 119

国分 充 22

コール（Cole, M.） 6, 21, 103-107, 109-112, 114, 119, 192, 201

コルニーロフ（Kornilov, K.N.） 20, 33, 57

▶さ行

ザシェツキー（Zasetsky, L.A.） 154, 155, 157, 158, 160-163, 200

サックス（Sacks, O.） 152, 153

佐藤公治 41, 122, 145, 198

サピア（Sapir, I.D.） 32

▶ザルキント

ザルキント（Zalkind, A.B.） 31-33, 38, 49, 52-54

シェレシェフスキー（Shereshevskii, S.V.） 154, 155

ジャネ（Janet, P.） 193, 194

シュピールライン（Spielrein, S.） 14-19, 37, 38

ゼイガルニク（Zeigarnik, B.） 191

ソームズ（Solms, M.） 167

▶た行

デルス・ウザーラ（Dersu Uzala） 91-95, 98

ドイッチャー（Deutscher, I.） 59

トロツキー（Trotsky, L.D.） 5, 23, 30, 34-36, 38, 39, 59-65, 67, 68

▶な行

ノーマン（Norman, D.A.） 118

▶は行

バッシン（Bassin, F.V.） 6, 180, 187-196, 198

パナティ（Panati, C.） 115, 116

パブロフ（Pavlov, I.P.） 4, 5, 11, 23, 35, 36, 38, 42, 47, 53-56, 66, 192, 198, 199

ヒューリングス・ジャクソン（Hughlings Jackson, J.） 168, 185

214

索　引

ビンスワンガー（Binswanger, L.）　43-48, 70

フェール（van der Veer, R.）　11, 103

ブロンスキー（Blosky, P.P.）　34, 77

ベイトソン（Bateson, G.）　114

ベーコン（Bacon, F.）　82

ペトロスキー（Petroski, H.）　115, 116

ベルネーム（Bernheim, H.）　193

▶ま行

マルクス（Marx, K.）　20, 38, 43, 52, 56, 57,
　63, 67, 185

ミラー（Miller, M.A.）　12, 30, 37, 180, 181,
　184, 186

メルロ＝ポンティ（Merleau-Ponty, M.）　71,
　79, 80, 97, 98, 201, 202

▶ら行

ライプニッツ（Leibniz, G.W.）　185, 186, 198

ランガー（Langer, S.K.）　90

リッヒェベッヒャー（Richebächer, S.）　37,
　38

リプチンスキ（Rybezynski, W.）　116

ルビンシュテイン（Rubinshtein, S.L.）　194-
　196

レオンチェフ（Leont'ev, A,N,）　85, 86, 156

レーニン（Lenin,V.I.）　30, 34, 59, 131-134,
　142, 143

ローゼンタール（Rosenthal, T.）　14, 25

▶わ行

ワーチ（Wertsch, J.V.）　118

【事項】

▶あ行

アクメイスト　63

アニミズム思考　88

一般心理学　42-46, 56, 67

意味失語（症）　17, 156, 161, 162, 178

ヴァイ族　111, 112, 119

エディプス・コンプレックス　4, 25, 32, 44,
　47, 70, 72, 199

▶か行

快感原則　26-28, 66

外傷性失語症　156

科学的概念　57, 101, 122, 135, 136, 139, 141,
　142

構え（理論）　181-186, 191, 192

技術的道具　91, 113, 114

機能系の再編成　169, 174

機能的層理論　168, 185

教育分析　16

クピブ　89

クペレ族　106-111, 119

原父殺し　4, 47, 72, 199

古典主義科学　148

▶さ行

サディズム　16, 28, 29

自己中心的言語　17, 126, 129

自己中心的思考　17, 123-129, 138

215

自生的発達（論）　6, 121, 122, 124, 127, 132

自然的発達　3, 81, 83, 85, 86, 95, 103, 136, 202

失語症（患者）　5, 17, 18, 87, 145, 154-156, 159, 161, 162, 164, 167, 169, 173, 174, 176, 178, 189, 190, 200

実際的知能　82-84

死の欲動　26-29, 51, 52, 66, 71, 75

自閉的機能　128

自閉的（な）思考　124-126, 128

昇華　33, 53, 70

条件反射（学）　4, 11, 19, 23, 31, 33, 35, 38, 39, 42, 48, 52-57, 184

心的体験（ペレジヴァーニエ）　24

心理的道具　113, 114

垂直的（な）次元　71, 79, 80, 97

水平的（な）次元　71, 79

生活的概念　135, 136, 141, 142

精神間（の）活動　135, 140, 188

精神内（の）活動　135, 140

層理論　18, 76, 168

▶た行

体系的力動的局在論　169, 170, 172, 176, 177

道徳的負傷　73-75

トラウマ　27, 33, 71, 74, 75, 181

▶は行

発達の最近接領域（論）　135, 139-141

反復強迫　71-75

反復発生論　70-73

反予定調和論　130

ブラインドタッチ法　117, 118

文化的実践　103, 105, 111, 112

文化的道具論　113

文化的発達　3, 19, 78, 81-83, 85-88, 97, 103, 104, 108, 202

▶ま行

モナド（単子）　186

模倣　140, 141

▶や行

指さし　18, 19

予定調和論　129, 130

▶ら行

リビドー　13, 16, 28, 29, 33

ロゴセラピー　75, 76

ロシア・フォルマリズム　60, 63

ロマン主義科学　146-150, 152-154

論理的思考　88, 101, 121, 124, 126, 127, 131-135, 137, 139, 143, 200

著者紹介

佐藤 公治（さとう・きみはる）
北海道大学大学院教育学研究科修了。博士（教育学、北海道大学）。北海道大学
大学院教育学研究院教授を経て、現在北海道大学名誉教授。
専門：発達心理学・教育心理学
著書として、『ヴィゴツキーの思想世界：その形成と研究の交流』、『ヴィゴツ
キーからドゥルーズを読む：人間精神の生成論』（共著）、『ヴィゴツキー小事典：
思想・理論・研究の構想』（以上、新曜社）、『「日常言語」のリハビリテーション
のために：失語症と人間の言語をめぐる基礎知識』（協同医書出版社）など。

ヴィゴツキーとルリヤが語る
人間心理の歴史性
——フロイト、パブロフを超えた
　　ロシアにおける新しい心理学の創造

2024年11月30日　初版第1刷発行

著　者　　佐　藤　公　治

発行者　　宮　下　基　幸

発行所　　福村出版株式会社
〒104-0045　東京都中央区築地 4-12-2
電　話　03(6278)8508
FAX　03(6278)8323
https://www.fukumura.co.jp

印　刷　　株式会社文化カラー印刷

製　本　　協栄製本株式会社

© Kimiharu Satoh 2024　Printed in Japan
ISBN978-4-571-23071-4 C3011
落丁・乱丁本はお取り替えいたします
定価はカバーに表示してあります

福村出版◆好評図書

L. S. ヴィゴーツキー 著／中村和夫 編・訳

児童学とは何か
●児童学の方法論・対象・方法をめぐる
　ヴィゴーツキーの四つの論文を読む
◎2,500円　　　ISBN978-4-571-23070-7　C3011

新たに選出・新訳した
ヴィゴーツキーの論文
と講義から，児童学に
対する彼の理論的営為
の一端を明らかにする。

中村和夫 著

ヴィゴーツキーの生きた時代
[19世紀末～1930年代]のロシア・ソビエト心理学
●ヴィゴーツキーを補助線にその意味を読み解く
◎5,000円　　　ISBN978-4-571-23058-5　C3011

激動の革命期における
ロシア・ソビエトの心理
学の動向を，天才心理
学者の理論と対比する
ことで浮き彫りにする。

中村和夫 著

ヴィゴーツキー理論の神髄
●なぜ文化－歴史的理論なのか

◎2,200円　　　ISBN978-4-571-23052-3　C3011

ヴィゴーツキー理論の
中心にある「人間の高
次心理機能の言葉によ
る被媒介性」という命
題を明らかにする。

加藤義信 著

アンリ・ワロン　その生涯と発達思想
●21世紀のいま「発達のグランドセオリー」を再考する

◎2,800円　　　ISBN978-4-571-23053-0　C3011

ワロンの魅力的な人物
像と発達思想を解説し，
現代発達心理学におけ
る〈ワロン的な見方〉
の重要性を説く。

西口光一 著

メルロ＝ポンティの言語論のエッセンス
●身体性の哲学，オートポイエーシス，対話原理

◎2,400円　　　ISBN978-4-571-10196-0　C3037

〈ことば学〉を通じて人
間の言語の営みを多角
的に探究してきた著者
による，「生命から出発
する言語論」。

國分 充・平田正吾 編著

知的障害・発達障害における「行為」の心理学
●ソヴィエト心理学の視座と特別支援教育
◎2,300円　　　ISBN978-4-571-12142-5　C3037

知的障害・発達障害に
おける心理特性と支援
について，「行為」とい
う観点からルリヤの思
想と共に論じる。

橋本創一 編

知的障害・発達障害児における実行機能に関する脳科学的研究
●プランニング・注意の抑制機能・シフティング・ワーキングメモリ・展望記憶
◎7,000円　　　ISBN978-4-571-12141-8　C3037

支援ニーズ把握のため
のアセスメントとして
実行機能に焦点を当て，
様々な実験を通じて多
面的な検討を試みる。

◎価格は本体価格です。